Peter Gerds / Wolf-Dietrich Gehrke
Vom Fischland in die Welt

Ein Beitrag

zur

Geschichte

der Schiffahrt

und des

Schiffbaus

in Ribnitz,

Damgarten

und Barth,

auf dem

Fischland,

dem Darß

und

dem Zingst

Peter Gerds / Wolf-Dietrich Gehrke

Vom Fischland in die Welt

VEB Hinstorff Verlag

Fotos und Reproduktion Rainer Schulz

ISBN 3-356-00126-4
© VEB Hinstorff Verlag Rostock 1984
3. Auflage 1989 Lizenz-Nr. 391/240/99/89
Printed in the German Democratic Republic
Ausstattung: Ute Morgenstern
Herstellung:
Druckerei Volksstimme Magdeburg
Bestell-Nr. 522/643/3
02480

Vorwort

Das Fischland, der Darß und der Zingst, Ribnitz, Damgarten und Barth, spielten in der Vergangenheit in Schiffahrt und Schiffbau eine bedeutende Rolle. Von hier aus führte der Weg der Barken, Briggs und Schoner in die ganze Welt. Männer aus Wustrow und Zingst, aus Prerow und Dändorf standen am Ruder, setzten Segel, trotzten Sturm und Gefahren.

Für den Urlauber und Touristen unserer Tage werden Zeugnisse dieser Zeit sichtbar durch ehemalige Kapitäns- und Matrosenhäuser, Schifferfriedhöfe und Mitbringsel, besonders aber durch die sorgfältig gestalteten und gepflegten Heimatmuseen sowie nicht zuletzt durch die älteste Seefahrtschule auf dem Gebiet der DDR. Vieles aber ist in Vergessenheit geraten, manches ging verloren. Es ist das Anliegen der Autoren, der großen Zahl maritim und historisch interessierter Leser ein Buch in die Hand zu geben, das mit dieser Vergangenheit wieder näher bekanntmacht, einer Vergangenheit, die bis in das Mittelalter zurückreicht. Glanzzeit und Höhepunkte des Schiffbaus und der Schiffahrt lagen hier im 19. Jahrhundert. Barth war noch schwedisch (bis 1815), und die Zollgrenze zwischen Preußen und Mecklenburg verlief bei Ahrenshoop (bis 1826).

In vielen Jahrhunderten trugen Männer die Namen der kleinen Dörfer und Städte auf viele Kontinente. Sie begründeten einen Ruf, den die Seeleute dieser Region noch heute genießen und ihn fortsetzen. In Einzeldarstellungen wurden schon häufig Zeugnisse und Dokumente jener Jahre aufgearbeitet. Dabei standen soziale Fragen und der Schiffbau oft im Hintergrund. Dieses Buch geht erstmals von der Einheit zwischen Schiffahrt und Schiffbau im gesamten Gebiet zwischen Ribnitz und Barth aus. Es lenkt die Aufmerksamkeit auf die Lebensbedingungen der Männer vor dem Mast und gibt einen Einblick in die schwere Arbeit der Schiffbauer. Über die Wissensvermittlung hinaus soll das vorliegende Material Stolz auf eine reiche und große Tradition wachhalten und die Liebe zur Heimat vertiefen.

Die Autoren möchten an dieser Stelle ihren Dank aussprechen an Frau Trauschies, Leiterin des Darß-Museums Prerow, die Einblick in die Archive des Hauses gewährte, an Frau Grählert, Leiterin des Heimathauses Zingst, die bereitwillig ihre eigenen Unterlagen zur Verfügung stellte, an Herrn Garduhn, Heimatforscher aus Damgarten, der die Autoren in ihrer Materialsammlung unterstützte, an Herrn Erichson, Leiter des Museums Ribnitz-Damgarten – er gab die Möglichkeit, wichtige Quellen zu erschließen, und half mit manchem Rat weiter –, an Herrn Kühne, ehrenamtlicher Archivar in Barth. Dank sagen wir den Kapitänen Ferdinand Hesse, Hans von Petersson und Friedrich Rakow sowie den vielen ungenannten Gesprächspartnern, deren mündliche Überlieferungen, persönliche Aufzeichnungen und Hinweise mit in dieses Buch einflossen. Der besondere Dank gilt dem Lektor des Hinstorff Verlages Martin Pagel.

Peter Gerds   Wolf-Dietrich Gehrke

Landschaft und Menschen

An der Küste Mecklenburgs, zwischen Ribnitz und Barth, liegt eines der reizvollsten Gebiete der Ostseeküste. Blendendweißer Badestrand, bizarre Windflüchter, hochaufragende Küstenstreifen, ein urwüchsiger Wald mit seltenen Pflanzen und Tieren prägen diesen Landstrich. Entdecker der Schönheiten von Fischland, Darß und Zingst waren Künstler. Sie kamen zu einer Zeit, als die große Epoche der Segelschiffahrt sich ihrem Ende zuneigte und damit der Haupterwerbszweig für die Einheimischen erlosch. Die ersten von ihnen ließen sich in Ahrenshoop nieder. Dieses Dorf bot mit seinen alten Fischerkaten, den sandigen Dünenwegen, dem Meer und dem Bodden viele Motive, die von Malern geschätzt wurden. Mit Farbkasten und Staffelei zogen sie in die Natur. Besonders häufig spielten das Schiff

Darßer Landschaft bei Prerow

und der damit verbundene Mensch eine Rolle. So malte der Schweriner Carl Malchin 1892 den kleinen Wustrower Hafen, der Althäger Hafen inspirierte Thuro Balzer, Hans Emil Oberländer und Hugo Jaeckel. Den Segelschiffskapitän Martin Rubarth zeichnete Edmund Edel. Einer Reihe von Künstlern wurden Darß und Fischland zur zweiten Heimat. Theodor Schultze-Jasmer siedelte in Prerow. Seine Grafiken und Gemälde trugen mit dazu bei, den Darß weit über die engen Landesgrenzen hinaus bekannt zu machen.

Neben vielen anderen Dichtern hat auch Johannes R. Becher mehrfach in poetischer Form niedergelegt, was ihm diese Landschaft bedeutete. Aus wenigen Bewunderern wurden im Laufe der Jahre Hunderttausende. Urlauber aus nah und fern finden heute in den Bädern Dierhagen, Wustrow, Ahrenshoop, Prerow, Born, Wieck und Zingst Erholung und Entspannung. Aber nicht nur das. Sie finden hier mannigfache Zeugen einer großen Vergangenheit aus der Geschichte der Segelschiffahrt. Sie begegnen ihnen in Gestalt von Votiv-Bildern und Schiffsmodellen in den alten Kirchen, in Form von Grabsteinen mit Insignien des Seemannslebens, sie finden sie an den Haustüren von Schifferhäusern und nicht zuletzt in den Heimatmuseen.

Jahrhundertelang war das Meer für die Bewohner des schmalen Küstenstrichs die wichtigste Quelle ihres Erwerbs. Das Meer gab ihnen Nahrung, und es trug ihre Schiffe zu fernen Ufern. Viehzucht und Ackerbau standen auf niedriger Stufe – ausgenommen in der Schicht der wohlhabenden Ackerbürger in den beiden Städten. Die Kühe waren mager, die Pferde klein und zottig. Kartoffelfelder und Haferäcker gaben nicht viel her, obgleich die Menschen zu allen Zeiten sehr fleißig waren. In manchem Winter konnten die Tiere nur mit Fischabfällen, Stroh und Heu durchgebracht werden. Fast alle Männer zwischen 15 und 50 Jahren zog es daher auf See, vom zeitigen Frühjahr bis zum späten Herbst. Seeleute aus Ribnitz, vom Fischland, Darß, Zingst und aus Barth waren bekannt für ihren Mut, ihr großes Können. Aufgewachsen am Meer, vertraut von Kindheit an mit Wind und Wellen, mit Segel und Ruder, besaßen sie die besten Voraussetzungen für ein den ganzen Mann forderndes Gewerbe. Es vererbte sich über Generationen bis auf den heutigen Tag. Viele Seeleute der Handelsflotte der DDR sind hier zu Hause. Ihre Liebe zur Seefahrt wurde nicht zuletzt durch das Beispiel solcher Männer geweckt, die noch mit Vollschiffen um Kap Hoorn und um das Kap der Guten Hoffnung fuhren.

Schiffahrt und Schiffervolk

Zurück bis in das 14. Jahrhundert reichen die uns bekannten Anfänge der Schiffahrt auf dem Fischland und dem Darß, nicht vergleichbar jedoch mit der bereits damals in den großen deutschen Hansestädten entwickelten Fernschiffahrt. Bis in das 17. Jahrhundert überwog als Wirtschaftsbasis die Landwirtschaft. Weil aber aus der Agrarproduktion der Lebensunterhalt der Familien nicht immer bestritten werden konnte, versuchte man von den kleinen Dorfhäfen aus, mit Schuten Getreide, Fisch und Holz zu versegeln. Obwohl dörflichen Ursprungs und gering an Umfang, bildete diese Bauernschiffahrt eine gewisse Konkurrenz gegenüber den nahegelegenen Seestädten Rostock und Stralsund. Es begann der ungleiche Kampf der Städte gegen die Dörfer. Die Zerstörung der Burg von Ahrenshoop im Jahre 1395 war ein geglückter Schlag Rostocks gegen den Versuch, den Klipphafen – ein Hafen ohne Stadtrecht und Privileg – in eine fürstliche Seestadt umzuwandeln. Um die gleiche Zeit wurde auch der Hafen von Wustrow zerstört und das Tief verschüttet, weil die Städte hier gleichfalls einen Nebenbuhler witterten.

Seit jeher waren die Darßer, Fischländer und Zingster Bauern mit dem Meer vertraut. Grundlage dafür bildete die Fischerei, die neben der Landwirtschaft betrieben wurde. So ist es nicht verwunderlich, daß sich die Bewohner dieses Landstrichs mit ihren Booten zum Versegeln von Agrarprodukten immer weiter auf die See hinauswagten. Ihre Fahrzeuge, die Schuten, waren offene oder halbgedeckte Boote von sechs bis zehn Metern Länge. Sie wurden vom Schiffer selbst oder auch von Zimmerleuten in Schalenbauweise gefertigt. Das Baumaterial, Holz, kam aus dem nahegelegenen Küstenwald. Die einmastigen Segler hatten zumeist eine Besatzung von zwei Mann, jedoch ohne nautische Rangordnung. Ihre Frachten brachten sie bis nach Lübeck, Kiel, Flensburg und Kopenhagen. Auf der Rückfahrt hatten sie Produkte geladen, die es in ihren Dörfern nicht gab.

So holte 1666 Christian Brathering Talg aus Lübeck für die Kirche in Wustrow. Dabei kenterte er in der Höhe von Wismar, konnte sich aber in einem Beiboot retten. Das läßt gewisse Rückschlüsse auf die gewachsene Größe der Schiffe zu.

Aus solchen Einzelfahrten entwickelte sich allmählich die regelmäßige Schiffahrt vom Frühjahr bis zum Herbst, während in den an-

Alter Seemann um 1860

deren Monaten Bootsbau, Fischerei, Holz- und Rohrgewinnung im Mittelpunkt des Erwerbs standen. Gegen Ende des 17. Jahrhunderts belegen größere Kornverfrachtungen aus dem Amt Ribnitz nach Lübeck (1685) die sich stabilisierende Ostseeschiffahrt. Sie stieß immer noch auf heftige Gegenwehr der auf ihre Privilegien pochenden Stadt Rostock. 1703 – so belegen es die Akten – wurden die Fischländer samt ihren mit Gerste beladenen Booten auf der Fahrt nach Lübeck von den Rostockern vor Warnemünde aufgehalten. Um diese Zeit war bereits in Wustrow das erste größere Seeschiff – eine Galeasse – von dem Schiffszimmermeister Hinzmann erbaut worden (1690). Mit ihr soll Hinzmann, der auch Schiffer war, bis an die Ostküste von England gesegelt sein. Die Darßer standen den Fischländern nicht nach. Auch auf dem Zingst, der bis zum Versanden des Prerowstroms eine Insel war, besaßen 1696 mehrere Bauern aus den Dörfern Hanshagen und Pahlen Schuten, mit denen sie nicht nur ihre eigenen Produkte, sondern auch die ihres Hinterlandes, der Sundischen Wiese, aus Müggenburg und Straminke verschifften. Neben Einzeleigentum an Schiffen ist aus dieser Zeit auch Partnerschaftsbesitz bekannt.

Die Schutenschiffer gelangten allmählich zu Wohlstand. Zeugen dafür sind Geschenke der Seeleute an ihre Kirchen. So sind in Wustrow aus den Jahren 1707 und 1710 bemalte Fensterscheiben mit den Namen ihrer Spender (Jörß Bradthering und Hans Langhinrichs) und deren Schiffe zu sehen.

Einen weiteren Aufschwung nahm die Schiffahrt zwischen Rib-

Segelkriegsschiff – Oberdeck in Richtung Vorschiff
Segelkriegsschiff – Oberdeck in Richtung Achterschiff
Segelkriegsschiff – Seitenansicht Backbord, teilweise geschnitten

nitz und Barth nach dem Nordischen Krieg, möglicherweise bedingt durch die beträchtlichen Holzfrachten aus dem Darßer Wald. (Der Nordische Krieg zwischen Dänemark, Polen und Rußland gegen Schweden währte von 1700 bis 1721. Später griffen noch Preußen und Hannover ein. Dieser Krieg erfaßte den gesamten Ostseeraum, und Schweden verlor durch ihn seine Vormachtstellung.) Unabhängig davon spielte Schweden weiterhin eine bedeutende Rolle in der Schiffahrt. Als die schwedische Flagge im nordamerikanischen Krieg neutral war und enorme Frachtraten erzielte, profitierte davon auch die unter dieser Flagge segelnde vorpommersche Schiffahrt.

Die Politik einiger mecklenburgischer Landesfürsten kam der Entwicklung der dörflichen Schiffahrt sehr entgegen. Seit Anfang des 16. Jahrhunderts waren mecklenburgische Herzöge darauf bedacht, ihr Korn auf auswärtige Märkte zu schicken, um höhere Preise zu erzielen. 1503 wandten sich die Herzöge Magnus II. und Balthasar an den Rostocker Rat mit der Bitte, einem Fremdschiffer zu gestatten, ihr Getreide nach Amsterdam zu bringen. Der Rat lehnte ab, weil die »Segelation« aus Stadt und Hafen nur von Rostocker Bürgern und Kaufleuten ausgeübt werden durfte. Ein Gesuch zweier anderer Herzöge, sieben Jahre später, beschied der Rat ebenfalls abschlägig. Da-

Im Hafen von Wustrow, Zeesenboot

bei ging es um die Ausfuhr von Waren nach Dänemark und um die Einfuhr von Lebensmitteln. Schließlich wandten sich die Herzöge den Klipphäfen auf dem Fischland und dem Darß zu und beschlossen, außer den bereits vorhandenen Schiffen neue bauen zu lassen. Das brachte der dörflichen Schiffahrt einen weiteren Aufschwung. Nach und nach griffen immer mehr Bauern diesen einträglichen Erwerbszweig auf, und im Jahre 1696 wurden in Hanshagen und Pahlen auf Zingst sowie in Prerow 13 Schiffe registriert. Zumeist waren es offene Jachten in Klinkerbauweise. In Hanshagen, östlich von Zingst, besaßen die Bauern Claus Trapp, Claus Fick und Hinrich Kreft jeder eine Schute von zwei bis drei Lasten. Sie fuhren Kronholz aus dem Darß und Torf von den Sundischen Wiesen nach Stralsund. Außer diesen Fahrten reisten sie im Frühjahr mit frischem Hering nach Malmö und Lübeck und bereits 1692 mit Holz nach Wismar.

Fernschiffahrt

Das Beispiel des alten Bootsbauers und Schiffszimmerers Hinzmann aus Wustrow, der die erste Galeasse auf dem Fischland baute, machte Schule. Hier war etwas Neues gewagt worden, sowohl den Bau als auch die Reisen betreffend, denn der ersten Fahrt nach England folgten Reisen nach Amsterdam und Petersburg. Die Galeasse legte den Grundstein für die erste Flotte des Fischlandes, eine Flotte seetüchtiger Schiffe unter mecklenburger Flagge. Die politische Lage begünstigte die weitere Aufwärtsentwicklung. Dazu gehörten die Schiffskonjunktur in Europa mit Beginn des siebenjährigen Krieges (1756 bis 1763) und die Unabhängigkeitskriege in Nordamerika (1775 bis 1783). Folgende Statistik zeigt das Anwachsen des Schiffsbestandes.

Junger Seemann mit Scheidemesser um 1860

	Barth	Prerow	Zingst	Born	Wieck
1725	25	8	19	–	–
1735	3	15	30	23	27
1745	3	14	21	21	17
1755	8	16	36	13	10
1765	17	11	29	14	15
1775	18	16	40	14	20
1783	52	17	93	6	18

Danach besaß Barth mit dem Darß und Zingst eine Handelsflotte, die die größeren Seestädte veranlaßte, sich beim damaligen Landesherrn der Stadt, dem König von Schweden, über die »Schiffsbauerey und Navigation der Darßer Bauern« zu beklagen und eine Einschränkung der Genehmigung zu verlangen (1783).

Doch dafür zeigte Schweden kein Interesse. Das Land, das sich mit seiner verlorengegangenen Vormachtstellung in der Ostsee nicht abfinden wollte, war darauf bedacht, seine seebefahrenen Untertanen anders zu nutzen. Bereits 1742 war in einer Verordnung der schwedischen Regierung, auch die vorpommerschen Untertanen in Zingst, Prerow und Barth betreffend, zu lesen: »Weil die auf dem Darß und Zingst befindlichen sogenannten Einlieger der seegewohnten Leute uns dientlich sind, auf Unserer Kriegsflotte gebraucht zu werden, so haben wir in Gnaden gut befunden, daß bemeldete Einlieger im kommenden Frühjahr zum Dienst auf Unserer Orlogflotte gebraucht werden. Davon können sie sich umso weniger entziehen, als sie der Krone Leibeigene Untertanen sind und sie ihren richtigen Monatssold erhalten sollen. Darum ist den zur Werbung Ausgesanten jede Handreichung zu leisten ...«

So kamen dann 1750 in das Herzogtum Pommern, das Fürstentum Rügen und die Herrschaft Wismar (damals alle noch zu Schweden gehörend) die Werber mit Trommel und Handgeld. Verlockende Angebote gab es in Wort und Schrift. Mancher junge Mann griff zu. Wer sich bereit erklärte, in schwedische Dienste einzutreten, bekam bei Nichteinsatz in der Kriegsflotte jährlich vier Taler Wartegeld und zudem die Erlaubnis, Handelsschiffahrt und Fischerei zu betreiben. Es gab die Möglichkeit, Unter- und sogar Oberoffizier zu werden, und zusätzlich wurden Pensionen und Gnadengelder gewährt. Verständlicherweise fuhren die Einheimischen jedoch lieber auf eigenen oder heimischen Schiffen.

Das durch erfolgreiche Reisen erworbene Vermögen verwendeten die Schutenschiffer zum Bau größerer und schnellerer Schiffe. Durch das System der Parten (Anteilscheine über finanzielle Mitbeteiligung) konnte fehlendes Eigenkapital erworben werden, wobei sich diese Art der Finanzierung zwischen Stadt und Land anfangs beträchtlich unterschied. Im Dorf kamen die finanziellen Zuschüsse vorwiegend aus der Verwandtschaft bzw. aus der Nachbarschaft. In der Stadt zeichneten Kaufleute und wohlhabende Bürger, später auch Handwerksmeister, Makler und Gutsbesitzer ihre Anteile.

Neben dem Schiffer selbst kam selbstverständlich auch die Besatzung aus den heimatlichen Orten, gesunde, kräftige, tatendurstige Männer. Bereits 1789 mußten sie, wollten sie im Frühjahr die erste Reise unternehmen, eine Art Gesundheitspaß vom jeweiligen Rat der Stadt erwerben. Im Ribnitzer Museum befindet sich ein solches Originaldokument mit entsprechendem Siegel. Darin heißt es: »Wir Bürgermeister und Rat der Herzoglichen Mecklenburgischen Stadt Ribnitz tun kund und bezeugen hiermit, daß in dieser Stadt und Nachbarschaft reine, gesunde Luft sei, und man allhier von der Pest und andern giftig-ansteckenden Seuchen, dem Allerhöchsten sei desfalls Dank, nichts wisse. Und da Vorzeiger unser Bürger und Schiffer

Johann Beu, mit seiner Gallioth DIE VERGÜLDETE ROSE genannt, und Schiffsvolk als dem Steuermann Christian Plügmann und Matrosen Gustav Schröder, Johann Schult und Jochen Darmer, auch Koch Philip Klein auf Order in See gedenken zu gehen, auch um desto bequemer durch- und fortzukommen, einen beglaubigten Schein von uns verlanget, so haben wir solchen unter unserem Stadt-Kleinern-Insiegel, und der Stadt-Sekretarii Unterschrift erteilen wollen. Ribnitz, den 15. April 1789.«

Im gleichen Jahr bewarben sich 45 Einwohner des Fischlandes um Seepässe. Mehr noch, in diesem Zeitraum hatten sich in Ribnitz fremde Schiffer niedergelassen und das Bürgerrecht der Stadt erworben, um unter dem Schutz eines mecklenburgischen Bürgerscheins die Rechte eines neutralen Schiffes auf See genießen zu können. (Mecklenburg nahm in dieser Zeit eine neutrale Stellung ein.)

Nicht nur Ribnitz bot Fischländer Schiffern Bürgerrechte, auch andere Städte, wie z. B. Rostock oder Orte in Schwedisch-Vorpommern, sahen diese Männer mit Ansehen und Vermögen gern in den Mauern ihrer Stadt. Einzelne von ihnen besaßen bereits ein Vermögen von 30000 Talern. Sollte es durch Seefahrt vermehrt werden, waren dazu die Bürgerrechte einer Stadt mit Hafen von Vorteil.

Bis 1795 hatte die Schiffahrt der Fischländer einen ungeahnten Aufschwung genommen. Es gab 56 Schiffe zwischen 50 und 60 Lasten in diesem Gebiet. Davon gehörten 30 nach Wustrow, 14 nach Alt- und Niehagen, acht nach Dierhagen und vier nach Dändorf. Es waren zumeist einmastige Jachten bzw. Schlupen und zweimastige Galeassen. Um 1800 kamen die Brigantinen und Rahschoner auf, gedeckte Schiffe, die überwiegend in den Dörfern gebaut wurden.

Bei einer durchschnittlichen Besatzung von sieben Mann be-

Schiffsneubau

*Navigationsbuch aus der
Schifferfamilie Scharnberg.
Darß-Museum Prerow*

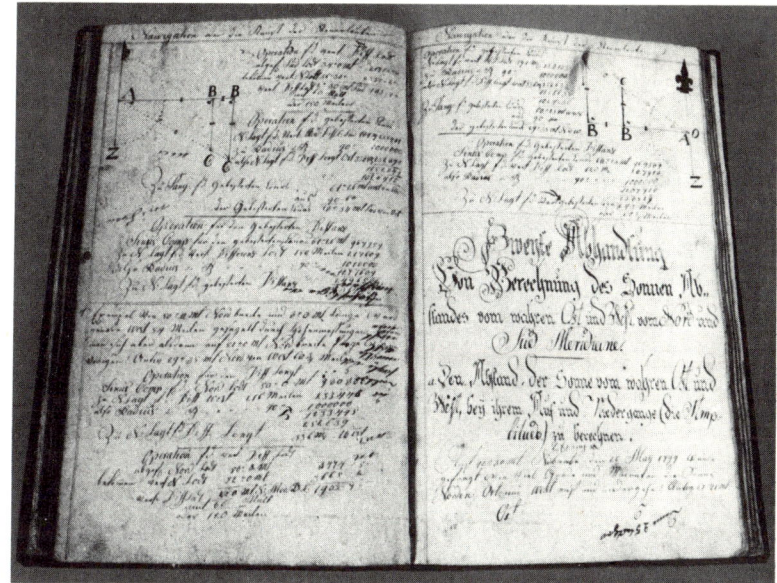

schäftigten und ernährten diese 56 Schiffe knapp 400 Menschen und
deren zum Teil große Familien. Rechnet man den Durchschnittspreis
eines Schiffes mit 3000 Talern, so stellten sie ein Vermögen von
168000 Talern dar. Die meisten Schiffer waren ehemalige Büdner
und Bauernschiffer. Vor 1800 führten ihre weitesten Reisen bis nach
London und Petersburg, Portugal und Spanien. Hin und wieder wurden auch Häfen im mittelländischen Meer und in türkischen Gewässern angelaufen.

Die Schiffer transportierten auf eigene Rechnung Holz und andere Güter, die sie mit gutem Gewinn zum Beispiel in Kopenhagen
verkaufen konnten. Derartige Holzreisen wurden dreimal, wenn das
Frühjahr zeitig kam und der Herbst spät endete, auch viermal gemacht. Es konnte aber auch folgendes Mißgeschick eintreten: 1774 un-
ternahmen mehrere Schiffer noch eine späte Reise. Als der Winter
plötzlich eintrat, saßen sie vor der dänischen Hauptstadt mit ihren
Schiffen im Eis fest. So kehrten sie über die zugefrorene Ostsee zu
Fuß auf das heimatliche Fischland zurück. Ostern, als das Eis auf-
brach, segelten sie mit einem kleinen Boot erneut nach Kopenhagen,
um die Schiffe abzuholen. Jeder Schiffer, der dorthin fuhr, nahm fünf
bis sechs Bootsknechte (die frühere Bezeichnung der Matrosen) mit.
Führte die Reise nach London oder Petersburg, erhöhte sich die Zahl
auf durchschnittlich acht. Die Bootsknechte hatten die Möglichkeit,
einen kleinen Bestand eigener Ware mit an Bord zu nehmen, um sich
einen zusätzlichen Verdienst zu verschaffen. Vor allem waren es Zuk-
ker, Kaffee und Tabak. Sie tauschten dafür Tücher, Wollsachen,
Kleidung und ähnliches mit Gewinn ein. Nach einigen Jahren ein-

träglicher Reisen war mancher Bootsknecht in der Lage, sich bei einem Schiffsneubau mit Parten zu beteiligen oder an den Ankauf eines eigenen Schiffes zu denken.

Die rasche Entwicklung der Schiffahrt in der zweiten Hälfte des 18. Jahrhunderts führte zu einem grundlegenden Wandel der beruflichen Struktur der Seefahrerdörfer. Die Anzahl der zur See fahrenden Männer übertraf die der Bauern nun um ein Vielfaches. Trotzdem bedeutete für die Fahrensleute die Kuh im Stall aber immer noch Sicherheit für den äußersten Notfall. Doch auf diese letzte Reserve mußte nur selten zurückgegriffen werden, denn Einnahmen von jährlich 10 bis 20 Prozent des Frachtwertes waren nicht selten. Um 1800 registrierte das Ribnitzer Amt bereits 70 Schiffer. Die danach einsetzende Fremdherrschaft durch die Franzosen sowie die von ihnen verhängte Kontinentalsperre legten die auf dem Fischland erblühte Schiffahrt vorerst lahm. Aber im Jahre 1832 kündeten von erneutem Aufschwung schon 96 registrierte Schiffe, 50 davon allein in Wustrow. Hier gab es zu dieser Zeit 125 Seefahrerfamilien. Vier Jahre später wohnten bereits 92 Schiffer dort, außerdem 60 Steuerleute und 250 Mann der weiteren Besatzung.

Und wieder bildete das Fischland mit seiner stattlichen Flotte, vor allem aber mit seiner umfangreichen seemännischen Bevölkerung, trotz des Fehlens eines Hafens und trotz seiner dem Verkehr entrückten Lage einen ausschlaggebenden Faktor in der mecklenburgischen Segelschiffahrt.

Kurz vor der Franzosenzeit hatten die Fischländer und Darßer hohen Besuch. Der britische Seeheld Admiral Horatio Nelson unternahm 1800 gemeinsam mit Lady Hamilton und mehreren Begleitern eine Deutschlandreise. Sie führte ihn nach Dresden, Meißen, Magde-

Kapitänshaus in Wustrow

burg und Hamburg. Ein Jahr darauf weilte der Admiral abermals in deutschen Landen. Dieses Mal im Norden. Nach Gefechten mit der dänischen Flotte 1801 und vor Auseinandersetzungen mit der schwedischen und russischen Flotte erschien Nelson mit seinem Geschwader auf der Reede von Warnemünde, wo er über Pfingsten ankern und an Land Proviant einkaufen ließ. Nach Pfingsten verlegte der Admiral seine Flotte vor den Darß und das Fischland. Von dort aus stattete er dem berühmten Orientalisten Prof. Tychsen in Rostock am 6. Juni einen Besuch ab und überreichte dem Gelehrten eine goldene Gedenkmünze, die anläßlich des Sieges bei Abukir gestiftet worden war, mit einem eigenhändigen Schreiben.

Geshanghait in London

Eine ganz andere Begegnung mit Admiral Nelson hatte der Fischländer Nikolaus Permien. Er war mit der Post von Ribnitz nach Hamburg gefahren und hatte sich von dort aus nach England begeben. Sein Ziel: ein gutes Schiff und eine gute Heuer. Seeleute vom Fischland waren in England gefragt. Doch so einfach, wie er es vielleicht von der Ferne aus erwartet hatte, war es nicht. Eine Heuer als Steuermann war nicht zu erhalten, und als Matrose war Nikolaus Permien lange genug gefahren. An einem nebeligen Abend schlenderte der junge Mann durch die Straßen der britischen Hauptstadt. Plötzlich verspürte er, wie er angerempelt wurde. Dann hörte er die Worte: »Goddam, dor hadd'k jo woll bald einen in 'e Grund segelt? Verfluchtes Fohrwater hier! Alle Ogenblick löpt'n up, und hinner jedes Kap luren teihn Flibustiers.« Das war die Sprache der Heimat für Nikolaus Permien, und es stellte sich heraus, daß er es ebenfalls mit einem Seemann zu tun hatte. Nun, ein Krug war bald gefunden, und die Flasche Rum stand schnell auf dem Tisch. Doch der Rum war keine reine Liebesgabe, allmählich kam Jakob Lund mit der Sprache heraus. Er war nichts anderes als ein Anwerber für die englische Kriegsmarine, aber dorthin wollte Nikolaus Permien absolut nicht. Ein Orlogsmann, nein, dann lieber Matrose. So sprach der Fischländer und wollte gehen, doch seine Rechnung ging nicht auf. Ein Pfiff und vier starke Matrosen versperrten den Ausgang der Schenke. Mit verbundenen Augen und gefesselten Händen, so war er gepreßt, so war er shanghait worden. Das Schiff, auf dem Steuermann Permien gegen seinen Willen angeheuert wurde, war kein geringeres als das Flaggschiff des berühmten Seehelden Horatio Nelson. Die straffe Zucht an Bord des Engländers behagte dem jungen Seemann am Anfang gar nicht. Doch bald bekam er auf Grund seiner Fähigkeiten den Posten eines Steuermannsmaaten. Er erhielt eine bessere Löhnung und entsprechendes

Essen. Am 21. Oktober 1805 standen sich die Flotten der Engländer auf der einen Seite und die der Franzosen und Spanier auf der anderen Seite bei Cap Trafalgar an der spanischen Küste gegenüber. Hoch flogen die Wimpel, in voller Fahrt segelten die Engländer dem Feind entgegen. Nikolaus Permien, der bisher nur die friedliche Seefahrt kannte, kam es vor, als müßte in dem Pulverdampf, dem Rauch und dem Wehgeschrei der Verwundeten und Sterbenden die Welt untergehen. Die Engländer gewannen die berühmt gewordene Seeschlacht. Nikolaus Permien wurde auf der VICTORY Zeuge, wie Admiral Nelson, von einer feindlichen Kugel getroffen, starb. Nach der Schlacht wurde Permien zum Quartiermeister ernannt. Mit einem anderen englischen Kriegsschiff lernte er einen großen Teil der Welt kennen. Unter anderem segelte er bis Jamaika.

Endlich gelangte er 1811 nach Wustrow zurück, wo Eltern und Braut sehnsüchtig auf ihn warteten. Doch sein Glück war nicht von langer Dauer, denn der Seemann mußte bald darauf als einfacher Soldat in die französische Armee eintreten, die nach ihren großen Verlusten, vor allem in Rußland, neue Männer brauchte. Nikolaus Permien marschierte bis an die Beresina. Über Wilna, Königsberg und Danzig gelang es ihm mit einigen anderen gepreßten Soldaten, sich in Richtung Heimat abzusetzen. In Danzig fand der Fischländer Arbeit bei dem Schiffer und Reeder Wunderlich. Er half bei der Reparatur alter Schiffe. Bald darauf führte ihn eine Reise als Steuermann in die russischen Ostseeprovinzen. Als Permien im Februar 1813 nach Danzig zurückkehrte, hoffte er, mit einem anderen Schiff endlich die Heimreise antreten zu können. Der Krieg war aber noch nicht beendet. Erst nach der Völkerschlacht bei Leipzig und der Flucht der Franzosen aus Mecklenburg konnte Permien auf sein geliebtes Fischland zurückkehren. Hier erreichte ihn bald darauf ein Brief aus Danzig, in dem er gebeten wurde, die Führung einer neu gebauten gekupferten Brigg zu übernehmen. Permien sagte zu und stieg auf die Brigg AMANDA. Das erste große Reiseziel im Sommer 1813 hieß London, die Stadt, in der vor acht Jahren sein Abenteuer begann.

Tonkanne für Wein oder Essig

Die Franzosenzeit hatte für die Fischländer nichts Gutes gebracht. Noch 1811, zwei Jahre vor dem Ende der Besetzungszeit, erging im Auftrage Napoleons vom Herzog Friedrich Franz I. der Erlaß, sich im Ribnitzer Gebiet nach Seeleuten umzusehen, da die anderen mecklenburgischen Städte 110 angeforderte Männer nicht geschickt hatten. Napoleon bot 90 Franc je Mann, und der Herzog wollte die gleiche Summe dazulegen. So bestellte der Rat in Ribnitz sämtliche Matrosen aus Ribnitz, Körkwitz und Umgebung zum 17. Januar in das Rathaus. Doch die Worte: »Leute, ihr wißt, daß es mit der Kauffahrteischiffahrt traurig aussieht. Ihr könnt aber auf den Kriegsschiffen euer Glück machen« hinterließen bei den Männern keinerlei Eindruck. Der Ratsherr fuhr dann fort: »Wer freiwillig mitgeht, erhält von der Stadt noch ein Handgeld von zehn Reichstalern und nach der Rückkehr unentgeltlich das Bürgerrecht.« Auch das nutzte nichts. Bis zum 22. Januar war niemand der Aufforderung gefolgt, hatte niemand das Angebot angenommen. Einen Tag darauf wurden 28 Seeleute (14 aus Ribnitz, 12 aus Körkwitz, 2 aus Dändorf) unter Wache gesetzt, abgeführt und nach Rostock gebracht. Doch diese ausgehobenen Seeleute genügten dem Herzog nicht. Er ließ deshalb bekanntmachen, daß Mecklenburg insgesamt 600 Matrosen zu stellen habe. Listen in vier Klassen wurden angefertigt: Unverheiratete, Witwer ohne Kinder, Verheiratete ohne Kinder, Familienväter. Als die ledigen jungen Männer aus Ribnitz und Körkwitz davon erfuhren, gingen sie in ein anderes Land, in das nahegelegene Pommern, wo sie vor Nachstellungen sicher waren. Viele Fischländer hatten schon vorher ein gleiches getan. Nun zog die Obrigkeit andere Saiten auf. Sieben französische und zehn mecklenburgische Soldaten marschierten nach Körkwitz, doch Matrosen fanden sie nicht mehr. Zur Strafe wurden zwei Väter ergriffen, ähnliches geschah in anderen Dörffern. Jetzt schonte man auch verheiratete Matrosen nicht mehr und verbot ihnen auf das schärfste, das Gebiet der Ribnitzer Gerichtshoheit zu verlassen. Letztendlich aber mußte diese Matrosenpressung aufgegeben werden. Die einfachen Seeleute erwiesen sich stärker als die Macht Napoleons und des Herzogs. Selbst von den wenigen, die in die Fänge der Werber oder der Soldaten geraten waren, entwichen die meisten auf der Fahrt von Hamburg nach Antwerpen.

Daß Fischländer Seeleute bis zur Selbstaufopferung gegen die französische Fremdherrschaft kämpften, beweist das Beispiel des Steuermanns Klaas Kron. An der Küste zwischen Ahrenshoop und Wustrow strandete in der Nacht vom 25. zum 26. Juni 1813 Seiner Majestät Napoleon I. Vollschiff MARENGO. Die Verantwortung dafür trägt der Steuermann Kron, der die Leuchtfeuer von Moen und Darßer Ort in der Finsternis nicht unterscheiden wollte. Das Schiff lief in voller Fahrt auf eine Sandbank unweit von Ahrenshoop und zerbrach in zwei Teile. Neben dem Verlust von Munition und Proviant für das französische Geschwader bei Danzig kamen auch Menschen ums Leben. Klaas Kron, ursprünglich Steuermann auf einem Hamburger Schiff, war von der französischen Armee gepreßt und zum Dienst auf der MARENGO angehalten worden. Vor der mecklenburgischen Küste wurde ihm das Ruder übertragen, da er die Gewässer am besten kannte. In Kron stritten nun seine Ehre als Seemann und die Liebe zum Vaterland. Letztlich entschloß er sich dazu, mit der Strandung des Schiffes einen Beitrag zur Befreiung der Heimat von der französischen Herrschaft zu leisten.

Einträglicher Schmuggelhandel

Die Grenze zwischen Mecklenburg und Vorpommern verlief bis 1826 südlich von Ahrenshoop, das bereits pommersches Gebiet war und zu Preußen gehörte. Preußen hatte sich gegen die anderen deutschen Kleinstaaten durch einen Schutzzoll gesichert, der zum einen die ausländische Konkurrenz abwehren, zum anderen sich fördernd auf die eigene Produktion auswirken sollte. 1826 war Mecklenburg einer der ersten deutschen Staaten, gegenüber denen Preußen diesen Schutzzoll aufhob, weil er sich letztlich nachteilig für die Gesamtentwicklung ausgewirkt hatte. 1834 wurde der deutsche Zollverein gegründet.

Vor dieser Zeit stand der Schmuggelhandel auf dem Darß in großer Blüte, denn das mit Mecklenburg durch eine äußerst schmale Landenge verbundene und vom Meer umflossene pommersche Gebiet bot dem nächtlichen Gewerbe denkbar günstige Möglichkeiten. Unter den Schmugglern waren die Einwohner von Wieck berühmt und berüchtigt. Viele von ihnen zeichneten sich durch Tollkühnheit und Todesverachtung aus, denn Schmuggel war, wie wohl zu allen Zeiten, auch in diesen Jahren ein gefährliches Unterfangen. Zöllner gab es u. a. in Ahrenshoop. Dort wachte ein berittener Grenzaufseher, dort gab es ein Zollhaus mit Steuereinnehmer. Auch in Born versuchten – bisweilen erfolgreich – der Zöllner und seine zwei Bootsknechte, den Schmuggel auf dem Wasserweg zu unterbinden.

In dunklen, stürmischen Nächten herrschte zwischen beiden Ländern ein emsiges Kommen und Gehen. Mit dem Boot, zu Pferde oder im Winter auf dem Segelschlitten, aber auch, wenn gar nicht anders möglich, zu Fuß auf dem Landwege. In den langen Herbst- und Wintermonaten bis zum Frühjahr hinein, in der Zeit also, in der die Schifffahrt auf Grund der Witterungsbedingungen zum Erliegen kam, waren die Matrosen auf andere Erwerbszweige angewiesen. Ihre Heuer reichte oft nicht aus, um die vielen Mäuler das ganze Jahr über zu versorgen. Da wurde jeder Pfennig dreimal umgedreht. Für die Arbeiten im Wald als Holzfäller, als Sammler von Raupen, Raupeneiern und Rüsselkäfern oder als Pflücker von Tannenzapfen griff der Forstmeister nicht tief in die Tasche. So bot sich der Schmuggel zum einträglichsten, wenngleich auch zum gefährlichsten Geschäft an. Am eifrigsten waren natürlich diejenigen Matrosen, die die Boddengewässer am besten kannten.

Die Darßer segelten nach Ribnitz, kauften hier in großen Mengen Kaffee und Zucker, Baumwollwaren, Rum, Salz und Sirup ein. In stockdunklen Nächten, meist bei Regen und Sturm, wurde die Heimfahrt angetreten. Im gefährlichen Fahrwasser des Boddens war es eine große Kunst, das Boot sicher über alle Untiefen zu bringen. Bei einem Zusammentreffen mit königlichen Beamten mußten die Schmuggler

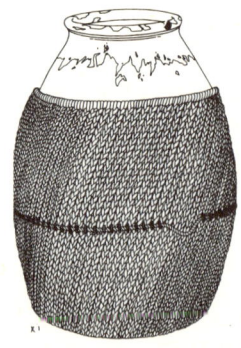

Rationsfaß für Salzfleisch

damit rechnen, gefangen und vor ein Gericht gestellt zu werden. Im Herbst fuhr mancher Schmuggler drei- bis viermal nach Ribnitz und verdiente ein schönes Stück Geld. Die Waren wurden entweder unterwegs abgesetzt oder in geheimen, auch unterirdischen Lagern versteckt und nach und nach verkauft. War auf dem Bodden auf Grund widriger Witterungsbedingungen oder einer zu starken Bewachung der Schmuggel nicht möglich, benutzte man auch den Weg über die Ostsee. Von Wieck beispielsweise segelte das Boot nach Ribnitz, holte die kostbare Ware und ging dann auf der Boddenseite bei Wustrow vor Anker. Dort standen Wagen und kräftige Pferde bereit, die sowohl Boot als auch Ladung über die Landenge an die Ostsee brachten. Von hier aus führte der Weg über die offene See bis zum Prerowstrom, der damals eine natürliche Wassergrenze zwischen dem Darß und dem Zingst bildete, und wieder in den Bodden hinein. Bei schweren Herbststürmen jedoch war selbst eine kurze Fahrt auf See ein gewagtes Unterfangen. Vor allem gab es erhebliche Schwierigkeiten, vom Strand aus die Brandung zu überwinden. Zudem bot Darßer Ort mit seinen vorgelagerten Untiefen immer eine Gefahr. Was für Männer waren das nun, die diesen und anderen Gefahren trotzten? Geben wir Zeugen jener Zeit das Wort.

Wanderungen über die Halbinsel

Ernst Moritz Arndt erzählt in seinen »Erinnerungen aus meinem Leben«: »Auf der Halbinsel Darß und in den Dörfern auf den gegenüberliegenden Küsten wohnt ein schöner, kräftiger Menschenschlag, dessen Gewerbe in der Jugend gewöhnlich das kühne Element des Meeres ist. Als ich im Winter 1817 zu Prerow auf dem Darß war, stießen mich und meinen Bruder Karl zwei Männer mit langen, eisenbeschlagenen Stangen in fliegendem Schlitten über das spiegelglatte Eis hin, welches zwischen dem Festlande und der Insel eine Brücke geschlagen hatte. Beide trugen englische Ehrenmützen, hatten ein englisches Jahrgeld. Sie hatten auf der VICTORY des Admirals Nelson die Schlacht von Trafalgar mitgemacht.«

August von Wehrs, Chronist um 1819, schreibt über den Darßbewohner: »Er spürt keine Neigung in sich zu der friedlichen Beschäftigung des Ackerbaus und der Viehzucht. Das Meer mit dem Gebrause der ewigen Harmonie hat es ihm angetan. Das Land, sein Land, sieht er nur als Absteigequartier an.«

Im November 1831 unternahm Friedrich von Suckow, Schriftleiter der Stralsunder Wochenzeitschrift »Sundine«, eine mehrtägige Wanderung durch Darß und Zingst. In einem Wirtshaus in Born fand er Übernachtung und traf hier Seeleute, die er mit folgenden Worten beschrieb: »Um den Tisch sammelten sich allgemach hochstämmige Seemänner, in buntgetupften, fingerdicken, gewebten Wolljacken, als Stammgäste … Entschlossenheit und männlicher Mut sind auf ihren Gesichtern ausgeprägt, und die riesigen Glieder deuten an, daß sie die ›Seerosse‹ zu zügeln wissen. Überall war nur von ihrer Hantierung die Rede, und von einer Fahrt nach dem Ost oder West (Ost- oder West-indien) sprachen die kräftigen Gesellen so gleichgültig, wie wenn un-sereins nach Rügen kutschiert.«

Aufgaben des Schiffers

Als der Kapitän noch Parten zeichnete, also Miteigentümer eines Schiffes war, verlangten seine Geschäftspartner recht viel von ihm, und nicht nur Seemännisches: Er mußte das Bauholz, dessen Fehler und Krankheiten kennen und mit der Technik des Schiffbaus ver-traut sein, um die Arbeit überwachen zu können, also achtgeben, daß sie mit Sorgfalt und Sauberkeit ausgeführt wurde. Man erwartete vom Kapitän Kenntnisse, die er nicht ohne weiteres auf Grund seiner be-ruflichen Bildung besaß. Da aber bis in die zwanziger und dreißiger Jahre des vergangenen Jahrhunderts verhältnismäßig wenig Neuerun-gen im Schiffbau eingeführt wurden, konnte er alle diese Aufgaben bewältigen. Die Beaufsichtigung des Baues wirkte sich bei späteren Reparaturen günstig aus, da er dadurch sein Schiff genau kannte. Für dessen Seetüchtigkeit zu sorgen, gehörte zu seinen obersten Pflichten.

Loui Burmeister, Kapitän der »Arethusa«, mit Ehefrau und seiner Besatzung

Oft hatte er vor der Ausreise einen ausführlichen Bericht darüber anzufertigen, der teilweise in das Schiffsjournal übernommen wurde. Das Abschließen von Frachtverträgen geschah im Heimathafen, meist durch den Eigentümer des Schiffes, also durch den Schiffer selbst oder durch den Reeder. Der Schiffer durfte am Wohnort des Reeders ohne dessen Wissen und Willen keine wesentlichen Abschlüsse vornehmen. Das Konnossement (Urkunde, Vertrag über das Seefrachtgeschäft) bescheinigte den Empfang von Gütern. Das Konnossement wurde vom Schiffer gegengezeichnet. Das Laden, Stauen und Löschen der Ladung geschah durch die Mannschaft unter Leitung des Schiffers und der Steuerleute, vorerst nur mit Muskelkraft, später mit Hilfe von Flaschenzügen. Der Kapitän achtete sehr genau darauf, daß das Schiff nicht zu tief beladen und die Fracht ordentlich gestaut wurde, damit es gut segelte, dem Ruder gehorchte und die Ladung in gutem Zustand beim Empfänger ankam. Denn der Kapitän haftete für den Schaden, wenn die Fracht durch schlechtes Stauen gelitten hatte. Das Zählen und Prüfen der Güter besorgte der Steuermann. Da der Kapitän am Gewinn beteiligt war, lag es in seinem Interesse, sobald wie möglich wieder in See zu gehen.

Eine Reedereiinstruktion besagte: Der Kapitän hat sein Hauptaugenmerk auf eine möglichst schnelle Beendigung der jeweiligen Reise mit größter Vorsicht bei gegebenen Umständen zu richten. Angesichts der verschiedenen Pflichten sagte man zu Recht: Dem Kapitän werden Instruktionen über Fahrtgeschwindigkeit, über langsame Fahrt bei Nebel usw. mitgegeben. Befolgt er die Instruktionen nicht und verläßt sich auf sein Glück und es geht alles gut, so ist er ein tüchtiger Kapitän. Verlängert sich die Reise durch striktes Befolgen der Anweisung, so ist er unfähig und ängstlich. In schwierigen Situationen haben sich oft manche Kapitäne mit einem Teil der Mannschaft in einem Schiffsrat abgestimmt.

In fremden Häfen war die wichtigste Aufgabe des Schiffers die Beschaffung neuer Ladung. Vor allem war das bei Langreisen der Fall, weil es keinen Nachrichtenverkehr mit der Heimat gab. Daraus erwuchs dem Kapitän die Pflicht, nach eigenem Ermessen für seine Reederei möglichst günstige Frachtverträge abzuschließen.

Was in Hamburg um 1890 an Gütern in den großen Speichern und Lagerhallen gestapelt wurde und auf den Transport über See oder in das Inland wartete, das schrieb ein Zingster Steuermann auf und brachte während seines Urlaubs diese Liste seiner staunenden Familie zur Erheiterung mit. Etwa 700 Warenarten umfaßte die Liste, die mit Abzugseisen und Akkordeons begann und mit Zündhölzern in Blechkisten und Zwirn endete. Dazwischen aber lagen: Angelleinen, Anilinfarben, astronomische Instrumente, Baumrinde und Borke, Binsenhüte, getrocknete Blumen, Druckerschwärze, Einlegesohlen, Elefantenzähne, Felle, Forken und Galanteriewaren, Glokkenspiele, Holz, Hüte, Hufnägel, Indigo und Johannisbrot, Kitt, Kräuter, Klosetts und Korsetts, Kaviar und Kaffee, Lack und Lakritzen, Leder, Moos (isländisches und anderes), Nähmaschinen, Ölgemälde, Pianos, Pfeffer, Perlmutt, Ruder und Segel, Stockfische, Uhren, Umbraerde, Violinsaiten, Vitriolkupfer, Wachs, Waffen und Wein.

Im Ausland bestand immer die Gefahr des Desertierens der Matrosen, besonders dann, wenn der Schiffer ein sehr strenges Regime an Bord führte. Wenn Matrosen dem Schiff den Rücken gekehrt hatten, brachte ein Heuerbaas dem Kapitän oft in allerletzter Minute einen dringend benötigten Mann. Natürlich nahmen die Schiffer zwischen Barth und Ribnitz nicht gern ein solches Besatzungsmitglied an Bord, aber es kam auch nicht häufig vor, daß Fischländer und Darßer Matrosen ihre Schiffe verließen. Doch hin und wieder war eine solche Eintragung im Journal zu finden.

Blick in ein Schiffsjournal

Der Kapitän belegte alle Einzelheiten der Reise im Schiffsjournal. Dieses Dokument, Schiffstagebuch oder Logbuch genannt, enthielt fortlaufende Berichte über die Reisen. Nautische Beobachtungen, Wind, Kurse, geographische Längen und Breiten, Fahrtstrecken usw. wurden säuberlich notiert und besondere Ereignisse, die sich auf Schiff, Ladung oder Mannschaft bezogen, exakt festgehalten. Journale dieser Art aus der Mitte des vorigen Jahrhunderts beziehungsweise davor sind heute sehr rar geworden. Eines der wenigen fast noch vollständigen Exemplare ist das Schiffstagebuch der JOHANNA EMILIE, geführt von Kapitän J. F. Spiegelberg aus Barth in den Jahren 1847/48. Das Journal, in grobes graues Leinen gebunden, hat eine

Mitbringsel. Modellschiff aus Madagaskar, aus Nelken angefertigt, über 150 Jahre alt. Darß-Museum Prerow

Modell der schweren Fregatte »Teutonia« in der Seemannskirche in Prerow

Größe von 28 × 21 Zentimetern. Eingangs ist eine »Bekanntmachung der königlichen Regierung zu Stralsund vom 30sten April 1839« veröffentlicht. Sie »Betrifft die Einrichtung und Führung des Schiffsjournals«. Die Wichtigkeit vollständig und genau geführter derartiger Bücher bietet Anlaß, einige der wesentlichen Paragraphen zu nennen. So heißt es im Paragraph 5: »Der Schiffer und der Steuermann müssen dieses Tagebuch dergestalt getreulich führen, daß sie die Richtigkeit desselben auf Erfordern eidlich bestärken können.« Paragraph 7: »Ist das Tagebuch nicht erhalten oder nicht gehörig fortgeführt, so verfällt der Schiffer und Steuermann, von den überdies etwa eintretenden civil- und criminalrechtlichen Folgen abgesehen, eine nach Umständen abzumessende Polizeistrafe von 2 bis 50 Talern, oder im Unvermögensfalle von dreitägigem bis sechswöchigem Gefängnis.«

Das Journal beginnt mit dem 27. März 1847: »Nachmittags 3 Uhr kam unsere Besatzung an Bord. Die JOHANNA EMILIE liegt in Stettin und wird in den nächsten Tagen ausgerüstet.« Am 30. März schreibt Kapitän Spiegelberg: »… banden die Marssegel, Fok- und Großsegel.« Einen Tag darauf werden unter anderem je 300 Pfund Fleisch und Brot an Bord genommen. Am 7. April läuft die Brigg – 1842 erbaut, mit einer Vermessung von 213 Registertonnen – nach Danzig aus und kommt am 19. April an. Dort wird Weizen für Leith (Großbritannien) geladen, und am 7. Mai läßt der Schiffer erneut die Segel setzen. 17 Tage später geht die Brigg vor Leith auf Reede, da im Hafen durch die Gezeiten nicht genug Wasser vorhanden ist. Englische Beamte kommen an Bord, um das Schiff einzuklarieren, das am 26. Mai mit einem Dampfboot in den Hafen geschleppt wird. Einen Tag später schreibt der Kapitän in das Journal: »Wind flau, trockneten Segel, machten alles fertig zum Löschen.« Lösch- und Ladearbeiten werden am Sonntag immer unterbrochen mit der sich jeweils wiederholenden Eintragung »hielten Sonntag«. Nach dem Löschen wird Ballast genommen, und unter dem 15. Juni ist im Journal zu lesen: »Lichteten unsere Anker und gingen unter Segel«. Die Reise führt vom englischen Hafen nach Archangelsk. Nach gut dreiwöchiger Fahrt macht die JOHANNA EMILIE am 7. Juli im russischen Hafen fest. Im Journal heißt es dazu nur: »So ließen wir den Anker fallen, machten die Segel

Bark »Marie Berg« unter Kapitän Mohr und Kapitän Hinrichs. Heimathaus Zingst

fest und setzten die Wache auf.« Bei schönem Wetter wird in den nächsten Tagen Ballast gelöscht und Roggen geladen. Genau sind es 159 Lasten Getreide. Am 25. Juli, nachdem noch Frischwasser, 600 Pfund Fleisch und andere Lebensmittel an Bord gebracht worden waren, geht die Reise von Archangelsk nach Vlissingen, wo die Brigg am 11. September einläuft. Noch am gleichen Tag segelt sie nach Schiedam bei Rotterdam weiter. Bis zum 29. September dauern das Löschen, das Laden von Ballast sowie einige Arbeiten am Schiff selbst. Außer diesem Journal, dem Landjournal, hatte Kapitän Spiegelberg das Seejournal zu führen. Das gliedert sich unter anderem in die 24 Stunden des Tages, in gesteuerte und verbesserte Kurse, in Eintragungen für Wind, Wetter und andere Begebenheiten, in Angaben über Barometer- und Thermometerstand, in Kurse und in die zurückgelegte Distanz in Seemeilen. Aus dem Seejournal ist ersichtlich, daß die JOHANNA EMILIE bei mittleren Windstärken zwischen vier und sechs Seemeilen in der Stunde zurücklegte.

Zurück zum Landjournal. Am 1. Oktober läuft die Brigg von Schiedam kommend den englischen Hafen Hartlepool an und erhält einen Tag darauf bereits Fracht nach Swinemünde. Am 18. Oktober ist das Schiff segelfertig, und am 30. des gleichen Monats wird in Swinemünde alles klar gemacht zum Löschen. Bei schönem Wetter werden am 1. November die Segel getrocknet und abgeschlagen, das laufende Gut unter Deck verstaut. Damit schließt das Journal für das Jahr 1847 und beginnt erst wieder am 20. März 1848 mit der Eintragung: »Gingen mit der Besatzung von Zingst …« Tags darauf: »Auf dem Weg nach Swinemünde.« Das Schiff hatte über Winter in Swinemünde gelegen, die Besatzung verbrachte diese Monate in der Heimat in Zingst. Nach einer zweitägigen Reise mit Pferd und Wagen erreichte die Besatzung wieder ihr Schiff. Eine Woche später ist die Brigg aufgetakelt, hat Ballast geladen und läuft nach Memel aus. Hier wird auf Reede der Ballast gelöscht. Als ein starker Sturm aufkommt, wird das unbeladene Schiff zum Spielball der Wellen, reißt sich von seinem Anker los und treibt auf den Strand zu. Die Besatzung, bis auf den Steuermann, kann sich in einem Beiboot retten. Das verlassene Schiff bleibt wie durch ein Wunder erhalten. Tags darauf sind die Männer wieder an Bord und beginnen mit dem Laden von Eisenstäben, Holzdielen und Planken. Am 20. April ist im Journal zu lesen: »Der letzten Order zu Folge, die wir von Hause bekamen, hieß es, daß der Krieg zwischen Preußen und Dänemark bereits entbrannt sei.« Am 25. April 1848 verläßt die Brigg Memel mit Kurs auf Cardiff. Doch 3 Tage später, auf der Reede vor Danzig, wird die Fahrt unterbrochen. Kapitän Spiegelberg erfährt vom Lotsen, daß die Dänen angesichts des Krieges bereits 28 preußische Schiffe aufgebracht haben. Das Schiff läuft daher in den Hafen von Danzig ein.

Damit endet das Landjournal der JOHANNA EMILIE. Hier nun einige Eintragungen im Seejournal für die Reise von Archangelsk nach Vlissingen. Mit nur wenigen Worten werden die wesentlichen Begebenheiten eingetragen: Sahen einige Mitsegler – sahen Land an Backbord – hohe See aus West – pumpten Lenz – Regenschauer. Besserten Marssegel aus – viele Sturzseen über – sehr dick mit Regen – das Schiff arbeitet sehr hart, bekommen viel Wasser über – Großsegel und Klüver fest. –

Erhalten geblieben sind neben diesem Schiffsjournal auch einige Abrechnungen der JOHANNA EMILIE. Daraus geht hervor, daß sie 1871 in Barth im Winterlager lag und ihre wesentlichen Fahrtrouten zwischen Memel, Danzig und Riga nach Rochefort, Hull, Sunderland, Nantes, Cardiff, Amsterdam, Texel, Bordeaux, Stockton und Grimsby abgesteckt waren. In diesem Jahre übernahm Kapitän Kraeft die Brigg, die einen Taxwert von 10 000 Talern hatte. Sie machte noch 15 Jahre lang Fahrten vorwiegend von Ostseehäfen nach England, wobei die JOHANNA EMILIE vom Mai 1872 bis Dezember 1874 über 30 Monate lang ohne Unterbrechung unterwegs war. 1886 wurde sie an einen Wiecker Schiffer verkauft, der sie in Barth vollkommen überholen ließ. Auf der ersten Reise danach, Ziel war Schweden, gingen Schiff und Mannschaft verloren.

Abrechnungen des Schiffes geben Auskunft über den Verdienst der Besatzung im Jahre 1882. Der Kapitän erhielt im Monat eine Heuer von 72 Mark, der Schiffszimmermann August Wendt bekam 54 Mark, der Matrose Knull 36 Mark, der Leichtmatrose Klasen 33 Mark, der Koch Karl Schultz 27 Mark.

Aus dem ebenfalls erhaltenen Inventarium dieses Barther Schiffes wird ersichtlich, was an Schiffszubehör an Bord mitgeführt wurde. Hier einige Details: Je eine kleine und große Nationalflagge, eine Standarte und eine Lotsenflagge, ein Stundenglas (eine Sanduhr, die eine halbe Stunde lief) sowie ein Sekondeglas (eine Sanduhr, die 14 Sekunden lief), ein Fernrohr, zwei Kompasse, Lot- und Senkblei, Schiffsglocke, Leuchter und Laternen, neun Ballastschaufeln, ein kupferner Ofen mit Röhre, Kessel und Kasserollen, Töpfe, Schüsseln, Pfannen, sechs Wasserfässer, vier Fleischtonnen, je eine Mehl- und eine Buttertonne, vier halbe Biertonnen, zwei ganze und zwei halbe Branntweinanker, wobei ein Anker reichlich 36 Liter maß. Dazu fünf richtige Schiffsanker, etliche Meter Ketten, Leinen und Taue. Unter den Leinen sei besonders die Pferde- und Tagleine erwähnt. Beide wurden zum Treideln in englischen Flüssen und Wasserläufen benutzt. Entweder zogen Pferde oder die Mannschaft selbst das Schiff.

Aufschlußreich ist auch das Abrechnungsbuch für den Dändorfer Schoner CLARA 1873 bis 1897. Der Dreimastschoner war 1861 in den USA gebaut worden. 1873 erwarb der Dändorfer Schiffer Daniel Dill-

Aufheißen des Beibootes

witz dieses Schiff, verkaufte es aber bereits drei Jahre später an den ebenfalls in Dändorf wohnenden Schiffer Friedrich Voß. Nachdem der Schoner im Frühling 1877 in London repariert worden war, erfolgte die erste Reise danach im Frühjahr 1877 nach Newcastle. Hier wurde Kohle geladen. Am 24. Juni lag die CLARA in Riga, um Holz für England zu übernehmen. Das Löschen dieser Ladung begann am 16. August in Hull. Im Oktober transportierte das 364 Registertonnen große Schiff 564 Tonnen Kohle von Grimsby nach Gefle / Schweden, war am 21. November mit Brettern und Eisen erneut in Hull und brachte anschließend 520 Tonnen Kohle nach Wismar.

Diese Fahrten in der Nord- und Ostsee waren typisch für viele Schiffe von Fischland und Darß. Doch die CLARA hatte andere Ziele. Nach einer Überholung in Wismar lief der Schoner von hier aus am 19. August 1878 nach New York und erreichte den amerikanischen Hafen genau drei Monate später. Nun die Daten und Häfen in den nächsten drei Jahren, die Aufschluß über die großen Reisen des Schiffes geben und ihre neunköpfige Besatzung für lange Zeit der Heimat entführten:

13. März 1879 Newcastle, 14. Juni New York, 14. August Leith (Schottland), 15. Oktober New York, 15. Januar 1880 Leith, 20. April Wilmington (USA), 29. Juni Rotterdam, 16. August Archangelsk (Weißes Meer), 30. Oktober Gloucester (England), 13. November Cardiff (England), 8. Februar 1881 St. Vincent (Kapverdische Inseln), 9. April Wilmington, 14. Oktober Charleston (USA), Januar 1882 Rotterdam, 20. März St. Thomas (Karibisches Meer), 12. April Wilmington, 30. Juni Stettin, 5. September Bordeaux, 4. November Wilming-

ton, 29. Januar 1883 Bristol (England), 12. Februar Newport (England), 14. April St. Vincent (Kleine Antillen), 9. September Riga, 15. Oktober Grangemouth (England) und am 16. November 1883 in Rostock, endlich wieder in der Heimat.

Auf einer Reise von Wilmington nach Rotterdam hatte die CLARA 2040 Fässer Terpentin geladen. Die Transportkosten beliefen sich auf 637 Pfund Sterling, umgerechnet zum damaligen Kurs etwa 13 000 Mark.

1897 verkaufte Friedrich Voß seinen Schoner für 8 250 Mark nach Schweden.

Nachrichten für die Schiffahrt

Beim weiteren Anwachsen der Schiffahrt war es ganz natürlich, daß zunehmend Nachrichten darüber, aber auch Informationen aus der Wirtschaft, für den Schiffer eine Rolle spielten. In Rostock erschien schon 1829/30 eine »Mecklenburgische Handelszeitung« mit Berichten und Nachrichten für Handel, Schiffahrt und Gewerbe. Es gab vorläufige Ernteberichte aus Mecklenburg über die Zufuhr von Weizen, Roggen, Hafer und Gerste zu den Häfen Rostock und Wismar, in denen viele Fischländer Schiffe beheimatet waren. Auch Berichte über Wetteraussichten und Straßenverhältnisse – bei Schnee konnten die Getreidefuhren nur schwer die Hafenstädte erreichen – interessierten die Schiffer. Mitteilungen über Preise in den Häfen selbst, vor allem für Getreide, aber auch für Tabak, Kalk, Häute, Pottasche, Holz, Kleesamen, Kaffee usw., also für Waren, die auf der Import- und Exportliste standen, spielten eine große Rolle. Alles in allem waren es ziemlich exakte Börsenberichte mit Geld- und Wechselkursen. Wichtig für den Schiffer war es zudem zu wissen, daß zum Beispiel um die Jahreswende von 1829 zu 1830 in Petersburg ein solch großer Schneemangel herrschte, daß Rußlands Importe – von hier aus in normalen Wintern ins Innere des Landes weitertransportiert – beträchtlich zurückgingen. Die »Mecklenburgische Handelszeitung« druckte auch Woll- und Schafmarktberichte, Schiffsnachrichten über Ankunft und Ausreise der Segelschiffe, schrieb über Seenotfälle und gab Verhaltensregeln für Schiffer, die russische Häfen besuchten. Es fanden auch die Maße und Gewichte der wichtigsten mecklenburgischen Handelspartner in europäischen Häfen ihren Niederschlag. In London beispielsweise mußte sich der Seemann mit folgenden Längenmaßen auskennen: Yard, Fuß, Zoll, Linien, Palm, Hand, Spann, Pole, Rod, Fathom, Füerlong, Meile. Dazu gab es die Getreidemaße: Gallon, Bushel, Quart, Pint, Gill. Außerdem war die Größenordnung dieser Maße in einzelnen englischen Häfen verschieden.

Mitbringsel. Samowar aus Rußland. Museum Ribnitz-Damgarten

Für den Handel und Schiffsverkehr mit Rußland gab es besondere Verhaltensregeln für Seeleute, denn dieses Fahrtgebiet spielte eine nicht unbedeutende Rolle. Bereits aus dem Jahre 1818 datiert ein Ukås von Zar Alexander I., der für den Handel mit und über Rußland warb und dafür besondere Privilegien versprach. 14 Jahre später, 1832, richtete der preußische Konsul in Odessa ein Schreiben an seine Regierung, die ihrerseits dieses Schriftstück an die preußischen Häfen, darunter Barth, versandte. Darin heißt es u. a.: Von der Nord- und Ostsee fahren häufig Schiffe mit Ladung nach französischen und italienischen Häfen. Von hier aus könnte es dann weitergehen mit Ballast nach Alexandria, Smyrna, Konstantinopel und schließlich nach Odessa, »wo sie mit Bestimmtheit auf Getreiderückladung nach dem Mittelmeer rechnen können«. Daselbst böten sich dann Gelegenheiten, mit Wein und Früchten nach Sankt Petersburg zu segeln und Talg und Häute auf der Rückreise für Stettin mitzunehmen.

Rußland war daran interessiert, seine südlichen Häfen, vor allem am Schwarzen Meer, stärker in das große Seefrachtgeschäft einzubeziehen und vom allgemeinen Aufschwung, den der Handel um die Mitte des vorigen Jahrhunderts mit sich brachte, zu profitieren. Auch Preußen sah in diesem Handel eine Möglichkeit, reiche Gewinne zu erhalten. So kam es 1842 zwischen Preußen und Rußland zu einem Abkommen. Es bestimmte, daß die preußische Flagge genauso wie die russische behandelt werden sollte. Damit waren eine Reihe von Handelsbeschränkungen außer Kraft gesetzt worden, vor allem gab es wesentliche Zollerleichterungen; gleiches galt für das Königreich Polen, damals unter Nikolaus I. zu Rußland gehörend. Die Palette der gehandelten Waren umfaßte u. a. Vieh, Holz, Pelzwerk, Fourage, Galanteriewaren, Konfitüre, Butter, Töpfereien, Obst, Wäsche, Stoffe, Getreide, Fisch und Fleisch.

Ein anderer Vertrag erleichterte die Schiffahrts- und Handelsverbindungen zwischen Frankreich und Mecklenburg. In ihm wurde 1836 in Schwerin folgendes festgehalten: »Französische Schiffe, die geradewegs und mit Ladung von französischen Häfen kommen (oder mit Ballast aus irgendeinem anderen Hafen der Welt), sollen in den mecklenburgischen Häfen von der Erlegung eines Tonnengeldes befreit sein und in allem, die übrigen Schiffsgelder betreffend, genauso wie mecklenburgische Schiffe behandelt werden.« Gleiches galt für mecklenburgische Schiffe in französischen Häfen. »Die Produkte des Bodens und der Manufakturen in Frankreich, sofern sie direkt nach Mecklenburg eingeführt, sollen von der Mehrtaxe – den Steuern – wie sonst üblich befreit werden.« Das galt ebenfalls für die Erzeugnisse aus Boden und Manufakturen in Mecklenburg. Allerdings mußte der Ursprung dieser Waren durch eine vom französischen Konsul ausgestellte Bescheinigung bestätigt werden. Als mecklenburgische Schiffe wurden solche angesehen, deren Eigentümer und Offiziere mecklenburgische Untertanen waren und deren Besatzung zu zwei Dritteln aus Mecklenburgern bestand beziehungsweise aus Untertanen jedes anderen zum deutschen Bunde gehörenden Staates, mit dem ein ähnlicher Vertrag wie dieser bestand. Analog war die Besatzungsbestimmung für die Schiffe Frankreichs ausgestellt. Mecklenburgische Produkte, von der Mehrabgabe befreit, waren Getreide und Holz in jeder Menge, Ölsamen, Öle, trockene Hülsenfrüchte (jährlich 4000 Schiffstonnen), Hanf, Flachs, Wolle (jährlich 3000 Schiffstonnen), Butter, Käse, Pökelfleisch und andere Eßwaren (1000 Schiffstonnen im Jahr).

In der sich immer mehr ausweitenden Schiffahrt spielten Informationen über den Zustand der Gewässer für die Schiffer eine wichtige Rolle. Aus dem »Öffentlichen Anzeiger für das Dominalamt Ribnitz«, ein Beiblatt zum »Stadt- und Landboten, Lokalblatt für die Städte Ribnitz, Sülze, Marlow und für das Fischland«, ging hervor: Genaue Beschreibung der Sandbänke in Abo, Wasa, Uleaborg, Errichtung einer Bake in Kronstadt, gefährliche Stellen in verschiedenen Kanälen und neue Durchfahrten in finnischen Gewässern. Neue Hafenfeuer wurden erläutert: ein neues Leuchtschiff an der Küste von Flandern, ebenso veränderte Baken in Sewastopol. In der Ausgabe vom 17. März 1864 ist eine detaillierte Beschreibung von neun Leuchtfeuern an den Küsten Spaniens nachzulesen. Zum Teil sind diese Ankündigungen »Bekanntmachungen« der Ministerien der Marine Rußlands, Belgiens, Frankreichs und Spaniens.

Zuerst bei Lloyd versichert

Um 1829 gab es in Mecklenburg etwa zweihundert Schiffe, die mit einem durchschnittlichen Wert von 5000 Talern ein beträchtliches Vermögen und die bedeutende Kapitalanlage von einer Million Talern darstellten – doch eine eigene Versicherungsanstalt bestand noch nicht. So flossen jährlich ganz erhebliche Versicherungssummen ins Ausland. Wohl waren die Häuser, Mobilien, Saaten und das Vieh versichert, aber Schiffe waren zu jener Zeit noch davon ausgeschlossen. Ihr Winterlager hielten die meisten Schiffe in großen Häfen. Auf kleinem Raum lag dort ein außerordentlich hoher Wert. Dabei war die Gefahr einer Feuersbrunst, die alle Holzschiffe vernichten konnte, immer gegenwärtig. Einzelne Reeder ließen ihre Schiffe bei ausländischen Gesellschaften versichern, im Vergleich zur Anzahl aller Schiffe jedoch war deren Zahl unbedeutend. Das alles beklagt recht bitter die »Mecklenburgische Handelszeitung« im Jahre 1829 und rät dringend zur Eröffnung einer Versicherung mit dem deutli chen Hinweis, wie dies zu bewerkstelligen sei. Unter der Überschrift »Lloyds Kaffeehaus in London« wird die bereits damals in der gesamten Handelswelt bekannte Versicherung vorgestellt. Ein Mann namens Lloyd hatte um 1730 ein Kaffeehaus in der britischen Metropole eröffnet und damit einen Treffpunkt der Kaufleute geschaffen. Dieses Haus wurde eine Art Börse, ein regelrechter Handelsplatz. Als die Königliche Börse entstand – auch der König wollte am lukrativen Geschäft teilhaben –, errichtete man hier eine Versicherungsgesellschaft, die den Namen des Kaffeehausbesitzers übernahm. Die Gesellschaft mit 2000 kapitalkräftigen Teilhabern hatte bereits im Jahre 1825 Agenten auf allen wichtigen Handelsplätzen der Welt. Sie übermittelten Nachrichten, vor allem Ladungen betreffend, die den in Not geratenen Schiffern – falls sie bei Lloyd versichert waren – halfen. Das alles sprach sich rasch herum. Einige mecklenburgische Schiffer und Reeder übersandten deshalb jährlich hohe Versicherungssummen nach London. Kluge Kaufleute wollten das in dieser und anderen Versicherungen außerhalb Mecklenburgs befindliche Kapital durch die Gründung einer eigenen Versicherung im Land behalten. Ihr Wunsch ging erst viel später in Erfüllung.

Wie verständlich die Forderung beispielsweise auch für Barth war, geht daraus hervor, daß 13 Korrespondenzreeder, darunter so bekannte Namen wie Rodbertus, W. A. Sarnow, Wallis & Sohn,

Schiff in schwerem Sturm

E. W. Ohrloff, J. C. Beug, 1838 in der Stadt 108 Schiffe registriert hatten. Vorwiegend waren es Briggs, Schoner und Barken, darüber hinaus gab es Schonerbriggs, Galeassen, Barkschoner und Fregatten. Mit 282 Normallasten (die Last zu 4000 Pfund) war die Bark TELEGRAPH unter Kapitän Bahlrüs das größte Schiff. Auch elf Küstensegler trugen die Barther Flagge. Die 108 See- und elf Küstenschiffe mit zusammen über 17000 Normallasten stellten eine beachtliche Flotte dar. Barth zählte damit zu den bedeutenden Schiffahrtsstädten an der preußischen Ostseeküste. Im Vergleich dazu: Stettin hatte im Jahre 1859 »nur« 181 Schiffe mit 28809 Normallasten. Wesentlich kleiner als in Barth waren die Flotten in Anklam (13 Schiffe), Greifswald (46), Wolgast (46), Ueckermünde (55) und auf Rügen (61). Insgesamt besaßen 1859 die Reedereien in allen preußischen Ostseehäfen 1087 Schiffe, auf denen 10290 Seeleute beschäftigt waren. Dazu kamen noch 663 Küstensegler. Barth allein verfügte über zehn Prozent der Schiffe, Tonnage und Seeleute unter den 25 Seestädten Preußens an der Ostsee.

Die große Barther Flotte, die einen hohen Wert verkörperte, wollte ihre Besitzer gegen Seeschäden, Brand und vollständigen Verlust schützen. So kam es nach langwierigen Verhandlungen 1871 in Barth zur Gründung des Assecuranz-Vereins. In diese Versicherungsgesellschaft wurden sowohl Schiffe als auch einzelne Parten aufgenommen, deren Besitzer allerdings aus dem sogenannten Neuvorpommern stammen mußten bzw. in Barth beheimatet waren. Die von auswärts angekauften Schiffe konnten nach einer entsprechenden Besichtigung durch einen Schiffbaumeister und zwei Kapitäne in den Verein aufgenommen werden. Die Einteilung der Schiffe erfolgte in vier Klassen, nach denen sich die zu zahlenden Versicherungssummen richteten. Für Schiffe einer besonderen Gefahrenklasse, z. B. bei Transport von Petroleum, waren erhöhte Abgaben notwendig. In der Verpflichtung des Vereins heißt es: »Der Verein trägt allen Risico und Gefahr, Schaden und Verlust, welcher den Schiffen auf eine oder die andere Weise, sei es durch Sturm, Ungewitter, Schiffbruch, Übersegelung, Strandung, Werfung, Brand, Mißhandlung und Versehen oder Versäumniß des Schiffers und seines Volkes zustoßen können, Schadenersatz ...« Wurde den Schiffern aber bewiesen, daß sie ihre Schiffe mutwillig oder absichtlich ins Unglück brachten, oder daß sie durch Führung verbotener Waren und verbotenen Handels einen höheren Gewinn anstrebten, erhielten sie keine Entschädigung.

Neun Jahre nach der Gründung sah der Verwaltungsbericht des Assecuranz-Vereins zu Barth so aus: 207 Schiffe mit einem Gesamtwert von 3850270 Mark waren versichert. Die Versicherung mußte für 12 Totalverluste von Schiffen einstehen. Darunter befand sich der Schoner AUGUSTE, der im Oktober auf der Reise von Kronstadt nach

Kopenhagen durch ein Feuer an Bord zerstört wurde und sank; die Bark MARIE WILHELMINE strandete im Februar 1880 auf der Reise von Liverpool nach Baltimore; einer Strandung zum Opfer fiel auch die Bark JOHANNES HOLZERLAND bei Rio Grande do Sul. So manches Schiff erreichte nur mit Mühe und Not – mit zerbrochenen Masten und zerfetzten Segeln – den rettenden Hafen. Eines von ihnen war die THETIS, die 1834 in Damgarten erbaut worden war. Die Galeasse war 171 Registertonnen groß und wurde von dem vom Fischland stammenden Schiffer H. Th. Zeplien geführt. Mit diesem Schiff floh ein später weltbekannt gewordener großer Komponist.

Mitbringsel. Kannbord mit englischem Steingut. Darß-Museum Prerow

Die Flucht auf der Thetis

Richard Wagner (1813 bis 1883) arbeitete von 1837 bis 1839 als Musik-
direktor in Riga, wollte dann aber sein Glück als Opernkomponist in
Paris versuchen. Doch von Riga aus war für ihn und seine Frau Minna
ein schweres Fortkommen, denn die Reisepässe hatten Gläubiger ein-
behalten. So fuhr Richard Wagner mit seiner Frau und Freunden
heimlich über die russische Grenze bis zum preußischen Pillau. Der
Grenzübertritt ging trotz aufmerksamer Kosakenbewachung gut vonstatten. In Pillau galt es, ein Segelschiff zu finden, das das Ehepaar
Wagner ohne Paß an Bord nahm und nach England brachte. Das
Schiff wurde gefunden: es war die THETIS. Richard Wagner schreibt
darüber in seinen Lebenserinnerungen: »Da der Capitän uns ohne
Pass aufzunehmen hatte, war endlich auch die Besteigung seines
Schiffes für uns wiederum von besonderer Schwierigkeit. Wir mußten
noch vor Tagesgrauen uns auf einem Boote heimlich durch die Ha-
fenwache an Bord unseres Schiffes zu schleichen suchen. Dort ange-
langt, mussten wir uns sofort in einem unteren Raum verbergen, um
von dem vor der Abfahrt das Schiff noch besuchenden Visitatoren
nicht bemerkt zu werden. Endlich war der Anker gelichtet, und während wir allmählich das Land aus dem Auge verloren, glaubten wir
nun aufathmen und uns beruhigt fühlen zu dürfen.

Wir waren an Bord eines Kaufmannsschiffes von kleinster Gat-
tung; die THETIS hatte das Brustbild der Nymphe an der Puppe aufge-
steckt und war, den Kapitän eingerechnet, von sieben Männern be-
dient.«

Kapitän Zeplien äußerte gegenüber Richard Wagner die Hoffnung, bei gutem Wetter, wie es im Sommer zu erwarten war, nach acht
Tagen in London einzulaufen. Doch die anhaltende Windstille in
der Ostsee hielt die THETIS zurück, und erst nach sieben Tagen erreichte das Schiff Kopenhagen. Durch die Übernahme von Proviant
wurde die schmale Schiffskost für die Passagiere verbessert. Während
der Reise gab es vielerlei Gesprächsstoff mit den Seeleuten. Vorbei an
Schloß Helsingör segelte man die Galeasse hoffnungsvoll in das Kattegat und das Skagerrak. Aber dann kam ein Sturm auf. »Volle
24 Stunden hatten wir unter für uns ganz neuen Leiden gegen ihn zu
kämpfen. In die jämmerlich enge Kajüte des Kapitäns eingepfercht,
ohne eigentliches Lager für eines von uns Beiden, waren wir der See-
krankheit und allen Aengsten preisgegeben«, schreibt Richard Wagner.

Am 27. Juli war der Kapitän gezwungen, bei stürmischem Westwind einen norwegischen Hafen anzulaufen. »Mit tröstlichem Gefühl
gewahrte ich das weithin sich dehnende felsige Ufer, dem wir mit großer Schnelligkeit zugetrieben wurden, und nachdem nun ein norwegi-

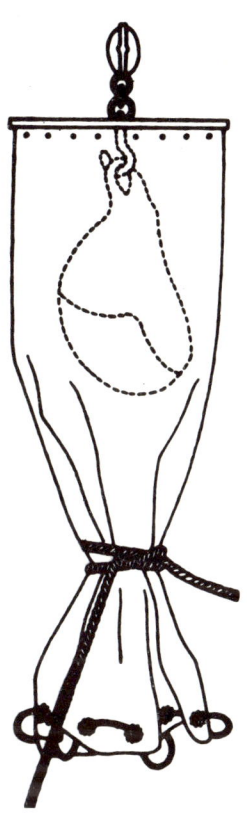

Leinwandsack zum Aufhängen von Fleisch in der Takelage

scher Lootse, der auf einem kleinen Boot uns entgegengekommen war, mit kundiger Hand das Steuer der THETIS übernommen hatte, erlebte ich bald einen der wunderbarsten und schönsten Eindrücke meines Lebens«, bemerkt Richard Wagner und schildert anschaulich die Begegnung mit den Fjorden in Sand Wike. »Ein unsägliches Wohlgefühl erfaßte mich, als das Echo der ungeheuren Granitwände den Schiffsruf der Mannschaft zurückgab, unter welchem diese den Anker warf und die Segel aufhißte. Der kurze Rhythmus dieses Rufes haftete in mir wie eine kräftig tröstende Vorbedeutung, und gestaltete sich bald zu dem Thema des Matrosenliedes in meinem ›Fliegenden Holländer‹, dessen Idee ich damals schon mit mir herumtrug und unter den soeben gewonnenen Eindrücken eine bestimmte poetisch musikalische Farbe gewann.«

Am 31. Juli bestand der Kapitän darauf, die Fahrt fortzusetzen, nachdem man sich zwei Tage an Land erholt hatte. Doch das Schiff lief mit dem Lotsen am Ruder auf ein Felsenriff zu; es erhielt einen starken Stoß. Der erste Schreck war größer als die wirkliche Gefahr, wie sich bei einer Untersuchung in einem anderen norwegischen Hafen herausstellte. Am 1. August hieß es dann: auf nach England. Richard Wagner glaubte, die Reise bald überstanden zu haben, aber am 6. August kam erneut ein starker Sturm auf. »Es war eines mittwochs, am 7. August, mittag halb drei Uhr, wo wir jeden Augenblick unseren Tod voraus sehen zu müssen glaubten. Nicht die furchtbare Gewalt, mit welcher das Schiff auf- und abgeschleudert wurde und gänzlich richtungslos dem bald als tiefsten Abgrund, bald als steile Berghöhe sich darstellenden Meerungethüm preisgegeben war, erweckte in mir das Todesgrauen, sondern was mich mit dem Gefühl der verhängnisvollen Entscheidung erfüllte, war die Muthlosigkeit der Mannschaft, unter welcher ich verzweiflungsvoll boshafte Blicke wahrnahm, mit denen wir von ihnen abergläubischerweise als die Ursache des drohenden Seeunglücks bezeichnet zu werden schienen ... Selbst der Kapitän schien es in der äussersten Drangsal bereuen zu wollen, uns an Bord genommen zu haben, da wir ihm, der so oft diese Fahrt – namentlich im Sommer – in kurzer Zeit und ohne alle Beschwerde zurückgelegt hatte, für diesmal offenbar Unglück gebracht hätten.«

Noch eine Nacht tobte der Sturm, und dem Kapitän fiel es angesichts des ständig bedeckten Himmels bei Tag und Nacht schwer, sich zu orientieren. Da wurde in der Ferne ein Schiff gesichtet, auf das man zuhielt. »Plötzlich«, so schreibt Wagner, »sprang der Kapitän im heftigen Schrecken auf und commandirte mit leidenschaftlichem Eifer eine Veränderung der Schiffsrichtung. Er hatte wahrgenommen, dass das vor uns segelnde Schiff auf eine Sandbank getrieben war, von welcher, wie er behauptete, es nicht wieder loszukommen vermögen würde, da er nun genau inne geworden, dass wir uns in der Nähe des gefahrenvollsten Theiles der die holländische Küste weithin einfassenden Sandbänke befanden.«

Der 9. August endlich war ein Tag der Erlösung, die englische Küste kam in Sicht, in der Nähe von Southwould. »Als wir von dort schon in weiter Ferne die Jagd der Lootsen auf unser Schiff bemerkten, welche an der englischen Küste freie Concurrenz unter sich halten und deshalb selbst unter den grössten Wagnissen soweit wie möglich den nahenden Schiffen entgegensegeln, erfüllte sich mein Blut mit angenehmer neuer Lebenswärme. Es gelang einem grauköpfigen, kräftigen Manne, jedoch erst nach wiederholten vergeblichen Anstrengungen, gegen die tobenden Wellen, welche sein leichtes Boot immer wieder von unserem Schiffe zurückwarfen, endlich mit bluttriefenden Händen, wie sie ihm das herabgeworfene Tau, welches wiederholt seiner Faust entglitt, zerfetzt hatte, an Bord der THETIS zu gelangen.«

Auf dieser Reise hatte sich nun aber auch alles gegen das Schiff verschworen. 24 Stunden mußte der Lotse arbeiten, um es durch die Sandbänke und einen heftigen Weststurm zu bugsieren, so daß die Mündung der Themse erst am 12. August erreicht wurde. Nach mehr als dreiwöchiger abenteuerlicher Reise setzte Richard Wagner seine immer noch schwankenden Füße auf die Straßen von London. Mit dem Kapitän besuchte das Ehepaar zuerst die Schiffskneipe »Horses hoe-Tavern« nahe dem Tower, und von dort ging es zu einem annehmbaren Unterkommen nach Westend. Hier unternahm man erstmals im Leben eine Dampfwagenfahrt. Richard Wagner kümmerte sich noch um Geschäftliches und reiste am 20. August mit einem Dampfschiff nach Frankreich.

Von der Ostsee in die ganze Welt

Mitte des vergangenen Jahrhunderts gab es zwei Ereignisse, die die weitere Entwicklung der Schiffahrt wesentlich beeinflußten: Die Aufhebung der Navigationsakte und der Krimkrieg (1853 bis 1856).

Die am 1. Januar 1850 erfolgte Annullierung der englischen Navigationsakte war ein wichtiges Datum für die Weltschiffahrt und besonders für die mecklenburgische Schiffahrt. Schiffe auch aus Mecklenburg konnten jetzt Frachten nach englischen Häfen nehmen und ebenfalls Häfen englischer Kolonien anlaufen – echte Weltschiffahrt betreiben. Viele englische Schiffe dagegen hatten an diesem Tage eine Trauerflagge gesetzt, für sie war ein Teil des einst so lukrativen Geschäftes verloren gegangen. Um 1850 liefen über 13 000 Schiffe englische Häfen an, darunter nur 3 800 unter fremder Flagge. Das änderte sich schnell mit der Aufhebung der Navigationsakte. Auch Holland, das Königreich Sardinien und Nordamerika hoben bisherige Handelsbeschränkungen auf.

Die Navigationsakte war das englische Gesetz zum Schutze der eigenen Schiffahrt. Sie wurde 1651 erlassen und zehn Jahre später erweitert. In diesem Gesetz und seiner straffen Durchsetzung unter Oliver Cromwell ist der entscheidene Grund für den gewaltigen Aufschwung der englischen Flotte und des englischen Handels zu sehen. Zunächst war die Navigationsakte nur gegen den holländischen Zwischenhandel gerichtet und hatte das Ziel, den Seehandel englischen Schiffen vorzubehalten. Demnach durften alle Waren aus Afrika, Asien und Amerika nur auf englischen Schiffen oder solchen des Ursprungslandes eingeführt werden.

Die ersten Lockerungen in dieser Gesetzgebung gab es nach der Unabhängigkeitserklärung der Vereinigten Staaten. Später sah sich England durch entsprechende Gegenmaßnahmen anderer Staaten genötigt, Konzessionen zuzugestehen. Mecklenburgische Schiffe durften demzufolge einheimische Erzeugnisse nach England ausführen, aber nur auf Schiffen, die in Mecklenburg gebaut worden waren, und deren Besatzung zur Hälfte aus Mecklenburgern bestand. Diese

Kapitänshaus in Wustrow

immer noch starke Einschränkung bewirkte einen verstärkten eigenen Schiffbau, denn für die Fischländer hatte es beispielsweise keinen Zweck, sich außerhalb des Landes Schiffe bauen zu lassen, weil damit der Englandhandel nicht möglich war. Auf den aber war man als Getreideexportland angewiesen.

Die Schiffsnachrichten im Ribnitzer »Stadt- und Landboten« wurden dadurch immer vielseitiger. Neben so bekannten Namen wie Memel, Danzig, Antwerpen, Kopenhagen, Aberdeen, Hull, New Castle, Liverpool und Gloucester tauchten nun Halifax, New York, Bahia und Swansea auf. Aber bereits 1821/22 wurden Langreisen über den Atlantik durch Fischländer bekannt, wenngleich sie Ausnahmen bildeten. Im Jahre 1822 fuhr Christian Brathering mit einer Brigg von Marseille über Cette nach Baltimore, verfrachtete Wein dorthin. Das Schiff kehrte mit Mehl nach Cette zurück. Die Reise verlief außerordentlich gut. Ein Jahr zuvor hatte die Galeasse AUGUSTE RENATE, auch von einem Kapitän Brathering geführt, folgende Reise überstanden: Rostock – Lissabon – Riga – Bordeaux – Riga – Rochefort – Liverpool – Boston. Das Schiff verdiente nach Abzug aller Unkosten für seinen Reeder 2800 Taler.

Natürlich waren die Fischländer auch beim einträglichen Geschäft der Krimfahrt dabei, und in Häfen wie Sulina, Ibrail, Odessa, Kertsch und Taganrog am Asowschen Meer sowie in Konstantinopel zeigten sie oft ihre Flagge. Hier war viel Geld zu verdienen, denn die im Krimkrieg rivalisierenden Gegner wie Rußland, die Türkei, Italien und England konnten nicht genug Schiffsraum stellen. Das übernahmen andere, darunter auch die Fischländer. Es begann eine wahrhaft große Blütezeit sowohl für die Werften, die gar nicht alle Aufträge erfüllen konnten, als auch für die Schiffseigner und ihre Besatzungen. Genaue Seekarten vom Schwarzen Meer, die besten kamen aus England, waren kaum noch aufzutreiben. Neben Proviant, Verbandszeug, Medizin und Waffen wurde auch Heu als Pferdefutter – eng in Ballen zusammengepreßt – benötigt. Infolge der zum Teil beträchtlichen Liegezeiten in den Schwarzmeerhäfen und der damit zu zahlenden Liegegelder erbrachte eine Tonne Heu den gleichen Gewinn wie eine Tonne Weizen. Die Fischländer, denen durch die Navigationsakte in der Vergangenheit manche Ladung versagt blieb und deren Gewinn deswegen oft spärlich ausfiel, hielten sich nun in diesem für sie so fernen Krieg schadlos. Sie dienten zwei Auftraggebern, auf der einen Seite den Russen, auf der anderen den Engländern. Dadurch erzielten sie doppelten Gewinn. Natürlich war es gefährlich, die Blockade um Sewastopol zu durchbrechen, um den Russen in der belagerten Festung lebenswichtige Güter zu bringen. Wer aber dort hindurch- und auch heil zurückkam, konnte im Vergleich mit anderen Reisen einen Reingewinn bis zu 250 Prozent erzielen.

Frachteinnahmen und -ausgaben

Gewinne in dieser Höhe blieben eine Ausnahme, denn zu Friedens-
zeiten lagen die Frachteinnahmen, die den Hauptteil des Gewinns bildeten, wesentlich niedriger. Dabei gab es zwei Verfahren. Im ersten
wurde das Schiff für eine bestimmte Zeit gechartert – das war die sogenannte Zeitfracht. Sie kam in der mecklenburgischen und pommer-
schen Schiffahrt nicht häufig vor. Das zweite Verfahren bezog sich
immer auf eine Reise. Hierbei konnten sowohl das gesamte Schiff als
auch nur ein Teil des Frachtraumes gechartert werden. Die Frachtraten unterlagen großen Schwankungen, abhängig von der Konjunktur.
Bei kriegerischen Auseinandersetzungen stiegen sie in der Regel sehr
schnell. Zudem gab es noch Liegegelder, die der Befrachter oder
Empfänger zu zahlen hatte, wenn die Ladung nicht zum vereinbarten
Termin angeliefert oder abgenommen wurde. Überflüssiger Proviant
und altes Schiffsinventar konnten ebenfalls verkauft werden, und hin
und wieder brachte der Passagierverkehr Einnahmen. Bei Rentabili-
tätsermittlungen für ein Schiff kam es natürlich auch auf dessen
Baupreis an.

In diesem Zusammenhang ist es interessant zu untersuchen, wie
hoch die Betriebskosten für eine Bark von 442 Registertonnen Rauminhalt für eine Fahrtzeit zwischen Juni und Dezember 1869 waren.
Man kann sagen, daß je ein Drittel der Kosten für den Schiffsbetrieb
im Hafen, also für Laden und Löschen sowie für den Abschluß der
Frachtkontrakte, ein Drittel für Ausrüstung und Instandhaltung sowie ein Drittel für Heuer und für Tantiemen gezahlt wurden. Genau
aufgeschlüsselt ergibt sich folgendes Bild: Von den 45 000 Mark Betriebskosten wurden 12 400 Mark für die sogenannten Ungelder verwendet, das sind Kosten, die der Reederei aus dem Aufenthalt des
Schiffes im Hafen, aus dem Laden bzw. dem Löschen, aus der Fracht-
beschaffung, den Hafengebühren, den Lotsengeldern und den Mak-
lergebühren entstanden. Annähernd 20 000 Mark kostete die Ausrüstung einschließlich Proviant, Reparaturen, Arzt und sonstigem. Die
Heuern betrugen knapp 13 000 Mark, Musterungs- und Reisegelder
451 Mark, Kaplaken für den Kapitän 2300 Mark.

Einkommen eines Kapitäns

Der Kapitän erhielt außer seiner Heuer einen besonderen Anteil vom
Gewinn der Reisen. Sein festes Gehalt war nicht allzu hoch. Es betrug
meist nur die doppelte Matrosenheuer und schwankte von 1840 bis
1860 zwischen 70 und 100 Mark monatlich. Den Hauptanteil seines
Einkommens bezog der Kapitän jedoch aus den Kaplaken und aus

dem Handel auf eigene Rechnung. Die Kaplaken waren der Verdienst des Kapitäns aus einer Gewinnbeteiligung durch die Reederei. Handel auf eigene Rechnung konnte er betreiben, wenn mit der Reederei entsprechendes vereinbart worden war. Dann führte der Kapitän seine eigene Fracht in der Kajüte oder an Deck mit. Es kam sogar vor, daß Kapitäne solche Ladungen von Maklern und Lieferanten geschenkt bekamen, zum Beispiel bei schnellen Reisen und guter Ablieferung der Ware. Einen weiteren Verdienst konnte der Schiffer durch Bergung fremder Schiffe aus Seenot gewinnen. Er erhielt dafür den Bergelohn, ein Drittel von dem, was die Reederei des geborgenen Schiffes für die Bergung zahlte, das zweite Drittel erhielt die Mannschaft, der Rest blieb Eigentum der Reederei. Schließlich vergaben die Werften bei Reparaturen an Schiffen Gratifikationen an den Kapitän, der sein Schiff in ihrer Werft überholen ließ. Diese Gratifikation erschien dann gewiß irgendwo verschlüsselt in der Rechnung und ging zu Lasten des Reeders. Es soll nicht unerwähnt bleiben, daß es auch einzelne Kapitäne gab, die sich am Proviant für die Mannschaft bereicherten, indem sie den Brotkorb höherhängten.

Aus den Geschäftsbüchern Rostocker Segelschiffsreedereien, die viele Fischländer Seeleute unter Vertrag hatten, stammen folgende Angaben für die Zeit zwischen 1853 und 1896 (das feste Gehalt eines Kapitäns lag zwischen 78 und 108 Mark):

1853/56 Gage (32 Monate zu 26 Talern) 832 Taler. Hinzu kamen 3464 Taler aus den Kaplaken.

1869/70 Gage (20 Monate zu 28 Talern) 560 Taler und 760 Taler aus den Kaplaken.

1879/80 Gage (18 1/2 Monate zu 72 Mark) 1434 Mark sowie 4060 Mark aus den Kaplaken.

Daraus ist ersichtlich, daß der Verdienst aus den Kaplaken die Gage bisweilen um ein Mehrfaches übertraf.

Aber Kapitän zu werden, war für einen Jungen ein langer, harter und beschwerlicher Weg.

Ein Junge geht zur See

Schon frühzeitig stand für die meisten Jungen fest: ich gehe zur See. So nimmt es nicht Wunder, daß in den Jahren von 1862 bis 1865 hundert Prozent aller in Wustrow konfirmierten Jungen sich für den Seemannsberuf entschieden. Von 1866 bis 1870 waren es im gleichen Ort noch 81 Prozent, und erst nach 1870 sank ihre Zahl auf 74 Prozent ab.

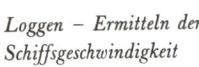

Loggen – Ermitteln der Schiffsgeschwindigkeit

Zukünftige Seeleute unter den Konfirmanden in Wustrow 1862 bis 1903

Jahr	Konfirmanden	Seeleute	Prozent
1862	14	14	
1863	9	9	100
1864	16	16	
1865	3	3	
1866	11	9	
1867	7	7	
1868	6	5	81
1869	4	3	
1870	9	6	
1871	10	5	
1872	14	11	
1873	5	4	74
1874	8	7	
1875	2	2	
1876	7	6	
1877	5	5	
1878	9	8	85
1879	7	6	
1880	6	4	
1881	12	8	
1882	10	8	
1883	12	9	74
1884	6	5	
1885	6	4	
1886	8	6	
1887	8	5	
1888	10	4	65
1889	16	11	
1890	9	7	
1891	11	8	
1892	11	6	
1893	6	3	52
1894	11	5	
1895	7	2	
1896	4	2	
1897	4	1	
1898	5	1	35
1899	9	4	
1900	4	1	
1901	7	4	
1902	8	4	70
1903	8	8	

In den sechziger Jahren gingen demnach noch fast alle Konfirmanden
zur See, wie es zur Blütezeit der Segelschiffahrt – und nicht nur in
Wustrow – der Brauch war. Zwanzig Jahre später traten schon ge-

Reinschiff an Oberdeck

wisse Schwankungen ein, hervorgerufen durch die Regression in der Segelschiffahrt. Als diese sich bis zur Jahrhundertwende und danach fortsetzte, folgte ein starkes Absinken. Immer weniger Jungen wählten den Beruf eines Seemannes, sie wandten sich dem Handwerk, der Landwirtschaft, dem Beruf eines Lehrers, Soldaten oder Gewerbetreibenden zu. 1903 wurden erstaunlicherweise noch einmal alle Konfirmanden Schiffsjungen.

Einige Bemerkungen zur Gesamtheit der seemännischen Bevölkerung auf dem Fischland:

Jahr	Schiffer	Steuerleute	übrige Besatzung
1842	66	40	152
1862	132		400
1884	89		400

So hatte sich das Fischland trotz des Fehlens eines eigenen Hafens und seiner zum Weltverkehr ungünstigen Lage zu einem ausschlaggebenden Faktor in der mecklenburgischen Schiffahrt herausgebildet. Aus diesem Territorium erhielt die Rostocker Flotte einen großen Teil von Schiffen, Schiffern und Matrosen.

Von den vielen Schiffsjungen, die vom Fischland und Darß aus ihr Glück in der Welt suchten, kehrte manch einer schon von der ersten oder zweiten Reise nicht mehr zurück. Im Ribnitzer »Stadt- und Landboten« war dann dazu beispielsweise folgende Proklamation zu lesen: »Der Schiffsjunge Johann Heinrich Erhard Staben zu Körkvitz

ist 18. Mai 1869 mit dem vom Schiffer Peter Strübing zu Dändorf ge-
führten Schiff OSTSEE von Helfort bei Rotterdam nach Archangelsk
in See gegangen und seit dieser Zeit mit dem Schiffe und gesamter
Mannschaft verschollen. Auf zulässig befundenen Antrag der Mutter
des Verschollenen, der Witwe Sophie Staben, geb. Fretwurst, zu
Körkvitz, wird demnach der genannte Schiffsjunge Johann Staben
hiedurch öffentlich aufgefordert, binnen sechs Monate sich entweder
persönlich zu stellen oder sonst von seinem Leben und Aufenthalte
hierher Kunde zu geben, widrigenfalls er für todt erklärt und über
sein Vermögen anderweitig den Rechten nach verfügt wird.«

Das war acht Jahre nach dem Schiffsuntergang, und er konnte
sich wohl nicht mehr melden. Derartige Erklärungen haben die Jungen zwischen Barth und Ribnitz niemals davon abgehalten, trotzdem
zur See zu gehen.

Die erste Reise eines Jungen

Die Tücken und Beschwernisse der Seefahrt kannten die Jungen aus
eigenem Erleben verhältnismäßig wenig. Sie wollten meist nicht ein-
gestehen, daß die Erzählungen des Vaters oder Großvaters sie sehr be-
eindruckt hatten. Für sie war es nur wichtig, nach der Konfirmation
auf einem Schiff anzuheuern und der Heimat vorerst Lebewohl zu sagen. Natürlich waren Seenotfälle auf Sandbänken und Klippen,
durch Seeschlag und Mastbruch, Kollisionen, Lecks und Kentern
wohlbekannt. Aber wenn die Gefahr noch in weiter Ferne lag und die
Jugend selbstbewußt ins Leben blickte, was konnte schon geschehen?

Jungen wurden angeheuert als Kochsmaat, Kajütenjunge oder
Decksjunge, das bedeutete, dem Koch zur Hand gehen, für den Kapitän zu sorgen oder sofort Seemannschaft zu erlernen.

Wer seinen Heuervertrag unterschrieben hatte, dem schmeckte
dann auch schon bald die Pfeife oder der Kautabak, allerdings nur an
Land, und nicht allen bekam die erste Prise gleich gut. Die Mutter
packte den Kojensack und die Seekiste. Meist vergaß sie nicht, ein gutes Stück Schinken, ein Dutzend Buttermilchkäse und die dickste vor-
handene Wurst mit hineinzulegen. Selbstverständlich fehlte auch die
Bibel nicht. Bisweilen ging die Mutter sogar zur Kartenlegerin, um
das »Schicksal« zu befragen. Neu gekleidet mit Mütze, Jacke und
Hose aus fester Baumwolle, verabschiedete sich der 14- bis 15jährige
von Verwandten und Nachbarn, bevor es auf die große Reise ging.
Das Schiff lag entweder in Rostock oder Hamburg, in Barth oder Stettin. Oft reiste die gesamte Mannschaft gemeinsam zum Hafen, und in
den meisten Fällen geschah das mit Pferd und Wagen.

An Bord erschrak der Neuling erst einmal über die Roof, die

Mitbringsel. Englische
Hunde. Heimathaus Zingst

kleine Hütte, in der die Mannschaft ihr Logis hatte. Zehn Mann »wohnten« in diesem »Loch«, mit wenig Luft und Licht. Ein Seemann braucht nicht viel Raum, hieß es.

Der Kochsmaat an Bord mußte Kaffee kochen und pro Nacht eine Stunde Wache gehen. Er durfte weder priemen noch rauchen. Er hatte die Butter abzuwiegen und die Erbsen einzuweichen, und wehe ihm, wenn er irgendwo beim Naschen erwischt wurde oder nicht alles aufaß, was auf die Back kam. Es konnte dann geschehen, daß er als Strafe für ein paar Stunden ins Kabelgatt mußte. Für den Kapitän wurde meistens extra geschmort und gebraten. Bisweilen fiel dann eine Kleinigkeit für den Jungen ab, doch merkte es der Alte, gab es eine gehörige Standpauke oder mehr. Gewürze befanden sich nur in den Händen des Kochs, an sie kam der Kochsmaat nicht heran.

Die Mannschaft aß an der Back. Einige zusammengenagelte Bretter, die unter dem Roofdach hingen, wurden heruntergelassen und dienten als Tisch.

Der Kajütenjunge hatte dem Kapitän die Kajüte sauberzuhalten, die Stiefel zu putzen, Waschwasser zu bringen, Schlösser und Leuchter mit etwas Branntwein blank zu scheuern. Er versorgte die Katze und den Hund, die Hühner und das Schwein, Tiere, die der Unterhaltung und Ernährung dienten. Im Hafen mußte der Junge so lange wach bleiben, bis der Schiffer kam, dann hatte er den Stiefelknecht zu holen. Erst wenn der Kapitän im Bett lag, konnte auch er schlafen gehen. Bisweilen machte der Koch sich den Spaß, seinen Maat die erste Erbsensuppe nach der Ausreise kochen zu lassen, und meist ging das vollkommen daneben. Denn aus Erbsen, wenig Fleisch, kaum Möhren, Kartoffeln und Zwiebeln ein schmackhaftes Essen zuzubereiten, dazu gehörte schon eine große Erfahrung, und wenn es nicht gelang, ein übermäßiger Hunger, um alles zu verspeisen.

Wenn das Schiff die offene See erreichte, hieß es auch für die Jungen, hinauf in die Wanten. Da schlug das Herz schon schneller. Vor allem, wenn eine steife Brise wehte oder sie seekrank wurden, rief so mancher Junge nach seiner Mutter. Immerhin waren sie ja auch erst 14 bis 15 Jahre alt, noch Kinder. Wenn Sturm aufkam, erscholl das Kommando »All hands an Deck«. Der Wind heulte in der Takelage, und das Schiff schlingerte und stampfte. Überall an Bord ächzte und knarrte es. Für die erfahrenen Matrosen waren es vertraute Geräusche, doch einen Jungen kam oft das Zittern und Zagen an. Manch einer von ihnen bat den Kapitän, ihn wieder an Land zu lassen, doch zur Umkehr war es zu spät.

In unserem Falle hieß das Ziel New York. Das Schiff näherte sich dem Englischen Kanal, der Sturm hatte nachgelassen, die Blässe im Gesicht war einer frischen Röte gewichen. Im Kanal mußten die Jungen unter Aufsicht die Schiffsgeschwindigkeit mit dem Log, dem Fahrtmesser, ermitteln. Notwendig war dazu ein Sandglas, das 14 Sekunden lief, die Logleine und ein dreieckiges mit Blei beschwertes Brett (das die ablaufende Leine im Wasser stoppte). Wenn etwa 120 Fuß Leine abgelaufen waren, kennzeichnete das ein weißer Lappen, ging dieser über Bord, so erscholl der Ruf »Törn«, und schnell wurde das Sandglas gedreht. War das Glas nach 14 Sekunden ausgelaufen, ertönte erneut der Ruf »Törn«, und die Leine wurde festgehalten. Man zählte die Knoten auf der Leine, vom weißen Lappen an gerechnet, und hatte die Geschwindigkeit des Schiffes: Wieviele Knoten, soviele Seemeilen je Stunde.

Nach ein paar Wochen war die Neufundland-Bank erreicht. Hier mußten auch die Jungen wieder richtig ran, denn dichter Nebel lag häufig über dem Meer. Die schärfsten Augen wurden für den Aus-

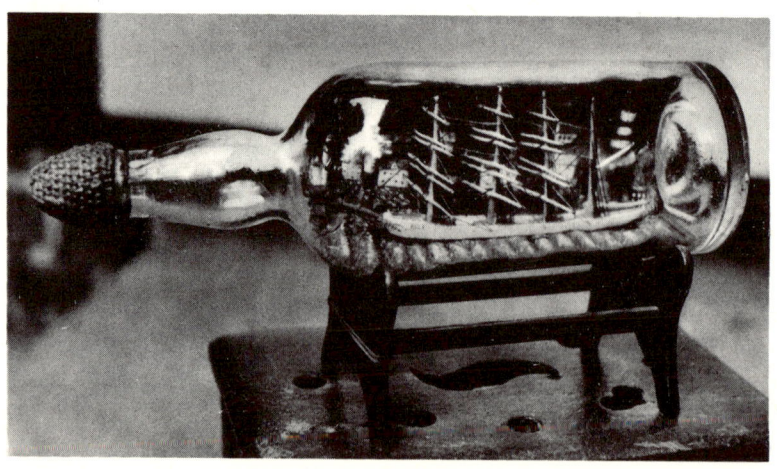

Mitbringsel. Buddelschiff aus der Zeit der Segelschiffahrt. Darß-Museum Prerow

guck gesucht, und das Lot wurde fertiggemacht. Bei schwerem Sturm wurde oft versucht, die Kraft der Wellen zu brechen, indem man jeweils zehn Pfund Werg nahm, mit Öl tränkte und in einen vorher durchlöcherten Sack steckte. Diese Säcke wurden an Backbord und Steuerbord, mit Leinen verbunden, ins Meer geworfen, und das sich verteilende Öl glättete ein wenig die bewegte See.

Feierte auf der Reise der Kapitän Geburtstag, hatte der Kochsmaat ein Gedicht aufzusagen mit den letzten beiden Zeilen: »Und heut' nun lassen wir Sie leben, dafür Sie uns ein'n Pudding geben.« Nach dem Einerlei der Kost war ein Pudding aus Weizenmehl, mit Wasser angerührt, mit Pflaumen und Rosinen darin, eventuell sogar mit ein paar Eiern aus dem Hühnerstall des Kapitäns, eine besondere Leckerei.

Ankunft in New York. Endlich am Ziel, und das hieß nun Amerika. Das Schiff hatte kaum festgemacht, da erschienen bereits die sogenannten »Rönner«, Spekulanten, die die Besatzung, vor allem die Matrosen und Schiffsjungen, zum ungesetzmäßigen Verlassen ihres Schiffes bewegen wollten. Auch der Schlafbaas, der Wirt, bei dem man übernachten konnte, stieß in das Horn der »Rönner« und geizte nicht mit Alkohol. Grog und Punsch mußten herhalten, denn Seeleute aus Mecklenburg und Pommern waren in Amerika gefragt. Besondere Reklame machten die »Rönner« mit der größeren Heuer und weniger Arbeit auf ihren Schiffen. Statt 12 Taler sollten die Jungen im Monat 40 Dollar erhalten und hier auch sofort als Matrosen fahren. Jedoch nur selten hatten die »Rönner« bei den Fischländern Glück.

Blieb das Schiff länger in New York, traf mitunter Post aus der Heimat ein mit ausführlichen Berichten von Haus und Dorf, Familie und Vieh.

Kehrte der Junge nach Monaten von seiner ersten großen Fahrt in die Heimat zurück, dann konnte er bisweilen vor Stolz und Kraft nicht aufrecht genug gehen. In seinem Gepäck fanden sich für Vater und Mutter meist kleine Mitbringsel. Die Familie war froh, wenn der Junge gesund war, denn hin und wieder kamen Schiffe aus Gebieten, in denen verheerende Krankheiten herrschten. Eine spezielle Verordnung, »betreffend die Schiffe, welche von Oertern kommen, wo das Gelbe Fieber grassiert«, sah folgendes vor: Das Schiff erhielt einen isolierten Ankerplatz und Quarantäne (Landsperre für Besatzung und Fahrgäste). Der Arzt kam an Bord. Niemand durfte ohne seine Einwilligung vom Schiff. Eine Wache verhinderte, daß irgendwelche Kontakte mit der Außenwelt entstehen konnten. Die ersten Maßnahmen waren frische Luft, d.h. das Öffnen sämtlicher Bullaugen und Lukendeckel. Chlorkalk wurde gestreut. War eine Entladung des Schiffes möglich, mußte es danach gründlich gereinigt werden. Das

geschah wiederum mit Chlorkalk, selbst die Planken wurden damit
gescheuert, die Laderäume aber wurden ausgeräuchert. (Wenn auch
ungleich moderner, so wird doch auch heute für den Schutz der Häfen vor dem Hineintragen ansteckender Krankheiten von Bord nach
einen ähnlichen Prinzip verfahren.) Der Kapitän hatte für sich und
für jedes Mitglied der Besatzung beim Stadtmedicus den Gesundheitspaß vorzulegen. Herrschte Krankheit an Bord, zum Beispiel das
Gelbe Fieber, so mußte das in diesem Paß verzeichnet sein.

Neben dem Gesundheitspaß gab es für jedes Mitglied der Besatzung einen Reisepaß. Im Paß des am 26. Juni 1828 in Barth geborenen
und dort wohnhaften Matrosen Franz Jacob Brantner, der mit einem
»vaterländischen Schiff« zur See fuhr, steht geschrieben: »Alle Civil-
und Militärbehörden werden ersucht, Franz Jacob Brantner ungehin-
dert reisen und zurückkehren zu lassen. Nötigenfalls mögen Schutz
und Beistand gewährt werden.« Dann folgen 15 Punkte des Signale-
ments: Religion, Alter, Größe, Haar, Stirn, Augenbrauen, Augen,
Nase, Mund, Bart, Kinn, Gesicht, Gesichtsfarbe, Statur, besondere
Kennzeichen.

Nach 1870 setzte sich dann das Seefahrtsbuch des Norddeutschen
Bundes durch. Die entsprechenden Gesetze und Ordnungen in Preußen, Oldenburg, Hamburg, Bremen und Mecklenburg wurden aufgelöst und flossen in bestimmten Abwandlungen in die neue Seemannsordnung des Norddeutschen Bundes ein.

Heuer und Heuervertrag

Zwei bekannte Lokale in Ribnitz waren im vergangenen Jahrhundert
»Die Börse« und »Stadt Riga«. Hier verkehrten vor allem Seeleute.
»Die Börse« ware eine richtige Fischer- und Schifferbörse, wo auch
über Frachten verhandelt wurde. »Stadt Riga« war eine beliebte Unterkunft für Fuhr- und Seeleute. Da viele Schiffe Riga anliefen, erhielt
dieses Lokal den Namen »Stadt Riga«. Die hier logierenden Fuhrleute brachten bisweilen auch Seekisten für die Seeleute mit. Regelmäßig tauchte in den genannten Lokalen der Heuerbaas auf. Er kam
meist aus Rostock. Jeder Heuerbaas vertrat bestimmte Reedereien.
Sie heuerten stets die Mannschaft an, nur hin und wieder auch die
Offiziere. Für jeden geheuerten Matrosen erhielt der Heuerbaas von
der Reederei zwei bis drei Mark Heuergebühr.

In Rostock besaß der Heuerbaas eine eigene Gastwirtschaft. Hier
gewährte er den von auswärts kommenden Fahrensleuten auf
Wunsch Unterkunft. Viele Seeleute meldeten sich auch nach der Ab-
musterung wieder beim Heuerbaas oder hinterließen zumindest ihre
Adresse, damit er ihnen schreiben konnte, wenn er eine neue Heuer

*Mitbringsel. Chinesische
Vase (Keramik).
Heimathaus Zingst*

für sie hatte. Der Heuervertrag, dessen einzelne Bestimmungen dem Seemann bei der Anmusterung vorgelesen wurden, galt immer bis zum 31. Dezember des laufenden Jahres. Doch die Matrosen konnten jederzeit ihre Entlassung im Heimathafen verlangen, wenn sie im letzten Hafen, den das Schiff vor der Rückkehr in den Heimathafen anlief, kündigten. Konnte das Schiff bis Jahresschluß den Heimathafen nicht erreichen, war die Mannschaft verpflichtet, solange an Bord zu bleiben, bis dies geschah. Für Segler in transatlantischen Fahrten wurde daher der Heuervertrag über zwei Jahre abgeschlossen. Erst in einem europäischen Hafen durfte man abmustern.

Eine besondere Rolle bei der Auswahl der Mannschaft spielte der Koch. Von seinem Geschick hing die Zufriedenheit der ganzen Mannschaft ab. Der Heuerbaas legte deshalb bei der Auswahl der Schiffsköche einen besonders strengen Maßstab an, denn schließlich fiel das Versagen eines Kochs auch auf ihn zurück.

Der Kreis der Personen, die angeheuert werden durften, war schon in mittelalterlichen Gesetzen abgegrenzt. So konnte nach einem Statut aus Venedig von 1255 derjenige nicht »marinarius« werden, der jünger als 18 Jahre, Soldat, Ausländer war, oder der bereits auf einem anderen Schiff angeheuert hatte. Die Ausschließung von Fremden fand in mannigfacher Art auch in anderen Heuerverträgen ihren Niederschlag. In Marseille durften im 13. Jahrhundert für Reisen von dort aus nicht mehr als vier Schiffsleute »von jenseits vom Berge« genommen werden, sofern es sich nicht um Bürger der Stadt Marseille handelte. Das französische Recht forderte um 1750, daß außer dem Schiffer und den Offizieren drei Viertel aller Matrosen Franzosen sein mußten.

Die Hansestädte gestatteten im Mittelalter ihren Schiffern nur solche Leute einzustellen, die einen »genugsame Paßbort« der Schiffer hatten, mit denen sie früher gefahren waren – also eine Art Zeugnis. Andererseits waren die Schiffer zu gehöriger und unentgeltlicher Ausstellung solcher Zeugnisse verpflichtet. Ein Lübecker Regreß von 1591 läßt hiervon bezeichnende Ausnahmen zu, weil nicht alle Schiffer schreiben konnten. An deren Stelle waren dann die Altermänner der Schiffergesellschaften verpflichtet, derartige Pässe auszustellen. Aus diesen Bescheinigungen, Zeugnissen und »Paßborts« entstanden im 19. Jahrhundert die bereits erwähnten Seefahrtsbücher, die durch die deutsche Seemannsordnung ab 1872 für ganz Deutschland zu einer reichsrechtlichen Einrichtung erhoben wurden.

Ursprünglich galt für den Heuervertrag, wie für vieles andere, der Handschlag bzw. das Handgeld. Damit war der Vertrag besiegelt und beschlossen. Mit dem Abschluß des Heuervertrages stand in engem Zusammenhang das Anmustern, fand aber nicht zeitgleich statt. In einem Bericht von 1435 heißt es, daß die angeheuerten »Schiffskinder am nächsten Freitag bereit sein und Heerschau thun sollen, und dann so geht ihr Sold an, und ich muß ihnen von daab Kost gewähren«. Die Musterung dürfte somit, wie der Name noch heute andeutet, eine private Besichtigung der angeheuerten Mannschaft durch den Schiffer

Bergen von Segeln

vor Antritt des Dienstes an Bord gewesen sein. Sie bezog sich auf die Vollzähligkeit, Tauglichkeit, auf die Ausrüstung und den Reisebedarf. Die Musterung erfolgte in der Regel, wenn das Schiff reisefertig war.

Große Mißstände gab es im Heuerwesen zu Beginn des 19. Jahrhunderts, als die Stellenvermittler den Seemann auf das Schlimmste ausbeuteten. Entweder wurden sie vom Heuerbaas genötigt, in der von ihm selbst betriebenen Herberge für teures Geld zu logieren, wenn sie eine Stelle haben wollten, oder aber es wurden sehr hohe Vermittlungsgebühren verlangt.

Aus dem Heuervertrag ergaben sich für den Matrosen mehrere Verpflichtungen und Rechte. Erste Verpflichtung war es, zum vereinbarten Termin an Bord zu sein. Dem kam nicht jeder Matrose nach, weil durch das Handgeld oder den Vorschuß, bis zu einer halben Monatsheuer, schon ein Betrag ausgezahlt worden war, der erst später erarbeitet werden konnte. Manche Matrosen nahmen das Geld und suchten das Weite. Das kam besonders in ausländischen Häfen häufig vor, wo der Angeheuerte sich der Strafverfolgung rasch entziehen konnte. Das hansische Recht zwischen dem 15. und 17. Jahrhundert sah dafür Leibes- und Lebensstrafen vor: Stäupung, Brandmarkung bis Enthauptung. Zu den weiteren Verpflichtungen der Matrosen gehörte es, den Vertrag bis zum Ende der Reise einzuhalten. So verbot eine niederländische Verordnung von 1551 den Schiffsleuten bei Strafe, das Schiff zu verlassen, bevor es vollständig gelöscht, mit Ballast versehen und die Segel geborgen waren. Schließlich gehörte es zu den Verpflichtungen, alle geforderten und vereinbarten Aufgaben gut zu erfüllen. Im hansischen Seerecht von 1614 heißt es u. a.: »Untereinander sollen sich die Schiffsleute in Frieden lassen und ein ordentliches Leben an Bord führen. Das Schiffsvolk soll keine Gasterei im Schiffe halten ohne Wissen und Willen des Schiffers.« – »Keiner vom Schiffsvolk soll seine Frau des Nachts im Schiffe behalten.« – »Keiner soll schießen ohne Befehl des Schiffers.« Ohne Urlaub sollte sich kein Seemann im Hafen vom Schiff entfernen. Nachts hatte jedermann an Bord zu sein. Schlafen bei Wache war strengstens untersagt und wurde hart geahndet. Die genaue Erfüllung der Pflichten wurde früher vielfach mit dem Eid gelobt. Ihre Verletzung sah man dann als Meineid an. Die Rechte der Matrosen sahen dagegen recht bescheiden aus. Nach einer lübischen Verordnung aus dem 16. Jahrhundert hatte der einfache Schiffsmann das Recht, mit einem kleinen Teil eigener auf dem Schiff frei mitgeführter Waren zu spekulieren, ein Recht, wie schon beschrieben, das später nur dem Kapitän vorbehalten war. Ja, selbst wenn dem Matrosen das Geld im Hafen fehlte, um die entsprechenden Waren zu kaufen, sollte ihm das durch den Schiffer vorgeschossen und später von der Heuer wieder abgezogen werden. Das Quantum der Waren war gesetzlich festgelegt und richtete sich nach dem jeweiligen Rang. Doch der Mißbrauch dieses Rechts – vor allem die Überschreitung des Quantums – brachte später Einschränkungen bis zum völligen Verbot. Denn oft wurden Waren nicht für den eigenen Bedarf, sondern für Außenstehende mitgeführt und dunkle Geschäfte betrieben. Daher galt dann auch der Satz nicht mehr, der lange Bestand hatte: Fracht ist die Mutter der Gage.

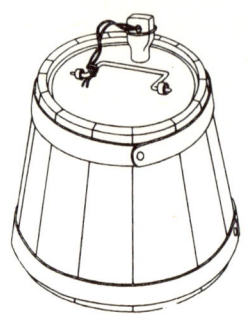

Rumfäßchen

Die Heuerforderung ist seit altersher in besonderem Maße geschützt. Sie genoß selbst bei Konkurs des Schiffers oder der Reederei den Vorrang vor anderen Forderungen. Neben der Heuer wurde früher noch eine vom Befrachter gezahlte Vergütung für eine der Ladung gewidmete Tätigkeit gezahlt – z. B. Kühlgeld.

Was nicht im Heuervertrag stand und was der Seemann nicht voraussehen konnte, das waren die zum Teil katastrophalen Verhältnisse an Bord, auch auf preußischen Schiffen, denn nur so ist wohl die Klage der preußischen Regierungsstelle in Stralsund aus dem Jahre 1826 zu verstehen, die über das »häufige Entweichen und Zurückbleiben der mit preußischen Schiffen nach England gekommenen Matrosen« berichtet. Auch gab es Klagen über die Aufrechterhaltung der »Manneszucht« an Bord. Das führte 1841 zur Verabschiedung eines entsprechenden Gesetzes durch den preußischen König. Darin heißt es: »Mit dem Heuervertrag und dem Antritt des Dienstes auf dem Schiff ist der Angeheuerte der Disziplinargewalt des Schiffers unterworfen. Folgende Strafen können zur Anwendung gelangen, wenn die Disziplin verletzt wird:

1. Geldstrafen bis zu fünf Talern. (Dieses Geld war dann für die Armenkasse im Heimatort des Schiffers bestimmt.)

2. Schmälerung der Kost.

3. Gefängnis bis zu acht Tagen, nötigenfalls bei Wasser und Brot.

4. Anschließen mit eisernen Fesseln in einem unteren Raume des Schiffes bis zu drei Tagen.

5. Körperliche Züchtigung.«

Bei Meuterei wurde in dem Gesetz mit Strafarbeit oder Zuchthaus bis zu 12 Jahren gedroht. Ein Schiffsmann, der sich weigerte, dem Kapitän bei der Bestrafung oder Verhaftung hilfreiche Hand zu leisten, ging der ganzen Heuer verlustig und konnte zusätzlich bestraft werden.

Diese Paragraphen galten auch für alle Seeleute aus Barth und vom gesamten Darß und Zingst, die zu Preußen gehörten.

Dörfer machen Geschichte

Nicht nur so bekannte Namen wie Prerow, Zingst und Wustrow hatten in Schiffahrtskreisen einen guten Klang, auch für solche Orte wie Saal, Fuhlendorf, Bresewitz, Bodstedt und Michaelsdorf – an den flachen Ufern der Boddengewässer gelegen – traf dieses zu. Letzteres soll in seinen Beziehungen zur Schiffahrt ein wenig näher untersucht werden. Auf einer flachen Sandscholle, umgeben von Wiesen, schien Michaelsdorf tatsächlich am Ende der Welt zu liegen. Nur im Hochsommer war der nächste Ort trockenen Fußes zu erreichen, denn ansonsten waren die Wege morastig und feucht. Infolge der Abgeschlossenheit des Dorfes wurde meist innerhalb des Ortes geheiratet. So finden sich die gleichen Namen der Einwohner über Jahrhunderte hinweg in den Kirchenbüchern: Borgwardt, Scheel, Burmeister, um nur drei zu nennen. Jedes Kind in Michaelsdorf hatte nur Onkel und Tanten im Ort. Eine erste Erwähnung findet Michaelsdorf bereits um 1300 in einem herzoglichen Testament, und es geht die Sage, daß Gödeke Micheel, der Mitstreiter und Freund Klaus Störtebekers, von hier stammen soll.

Bescheidene Landwirtschaft und vor allem Fischerei waren in Michaelsdorf die wesentlichen Grundlagen des Lebens. Um 1800 noch war der Fischfang der Haupterwerbszweig. Die Fänge in den einzelnen Jahren waren unterschiedlich, bisweilen wußte man nicht, wohin mit dem Fisch, denn Räuchereien in größerer Anzahl gab es nicht, um die manchmal gewaltigen Fänge zu verarbeiten. Auch Salz war nicht immer in den gewünschten Mengen vorhanden. Der Chronist Hauptmann August von Wehrs schrieb 1819: »Man benutzte den Hering sogar zum Dünger, und man fütterte im Frühjahr, was manchem unglaublich scheinen wird, obwohl es Tatsache ist, die Pferde mit frischen Heringen. Wenn ich mich nicht selbst davon überzeugt hätte, würde ich mich scheuen, so etwas nachzuerzählen, man muß aber bedenken, daß gänzlicher Futtermangel herrschte und daß die Pferde verhungert wären, wenn sie sich nicht bequemt hätten, Ichthyophagen zu werden.«

Der Fang im Frühjahr erfolgte meist mit der Heringswade auf der Seeseite, mit den Zeesen auf der Boddenseite. Zur Herbstfischerei stellten sich auch viele Robben ein, um am Fang teilzuhaben, und richteten dabei großen Schaden an den an vielen langen Abenden geknüpften Netzen an. Die Fischer setzten sich mit den sogenannten Mönchsguter Seehundreusen zur Wehr, die die Form einer Aalreuse besaßen, aber bedeutend stärker aus gehecheltem Hanf gefertigt waren. Mit einem Köder aus toten oder lebenden Heringen wurden die Seehunde in ihr Verderben gelockt. Im Winter schließlich gab es noch die Eisfischerei. Trotz der gefräßigen Seehunde warf die Fischerei für etliche Michaelsdorfer einen kleinen Gewinn ab. Von manchem wurde dieser genutzt, um sich eine Jacht bauen zu lassen, denn in den Binnengewässern zwischen Stettin, Wolgast, Anklam, Greifswald, Stralsund, Barth, Ribnitz und Damgarten ließ sich manche Fracht verschiffen. Das war weniger aufwendig als die Fischerei und zudem lukrativer. Trotzdem blieb die Sparsamkeit dominierend für die Michaelsdorfer. Wenn das Schiff des Enkels beispielsweise in Stralsund lag, machte sich die Großmutter zu Fuß auf den Weg, auf

Alte Tür (restauriert) –
Prerow, Hohe Straße 12

dem Rücken den Tragekorb mit dem selbstgebackenen Brot, mit einer Speckseite vom hausgeschlachteten Schwein – Proviant für die nächste Reise. Man würde doch in der Stadt für diese Dinge nicht das schwerverdiente Geld zum Fenster hinauswerfen. Fast zwei Tage war die Frau unterwegs. So legte man Taler auf Taler auf die Seite, damit der Junge eines Tages oder auch noch der Vater selbst sich das nächstgrößere Schiff kaufen konnte, einen Schoner vielleicht. Damit konnte er dann schon andere Reisen unternehmen.

In dem alten vergilbten Notizbuch des Kapitäns der AUGUSTE ist darüber nachzulesen, wohin die Reisen führten und vor allem, wer die Makler waren. Der Kapitän erhielt Frachten von den Schiffsmaklern Jäde & Co. aus Lübeck, Julius Litten, Petersburg, Skölderbrand und Elversen aus Gefle, Ring & Hesselmüller aus Harburg, Emil Johnsson aus Hogänäs, Lundström und Nielsen aus Karlshamm. Die Michaelsdorfer hatten also die Ostsee für sich entdeckt und verschifften Heringe, Pflastersteine, Planken, Bretter und Getreide sowie Briketts als Hauptfrachten. Das war in der Mitte des vergangenen Jahrhunderts. Auf einer Fahrt konnten 300 bis 500 Mark verdient werden, allerdings nur bei guter Ladung und gutem Wetter, wenn die Fahrt über die Ostsee nicht lange währte. Wehe aber, wenn schlechte Windverhältnisse und andere widrige Umstände das Schiff über Wochen zurückhielten, wenn keine Fracht aufzutreiben war und der Schiffer mit Ballast an Bord auf die Suche nach Fracht ging. Da blieb der Verdienst völlig aus, und Anfuhr und Abtransport des Ballastes gingen natürlich auch auf des Schiffers Rechnung.

Glücklicherweise kam das nicht allzuoft vor, und viele Schifferfamilien lebten in recht guten Verhältnissen. Das Schiff war zumeist ihr persönliches Eigentum. Obwohl die Bausumme selten von einem Schiffer allein aufgebracht werden konnte, gab es in Michaelsdorf im Vergleich zu anderen Orten zwischen Barth und Ribnitz nur in geringerem Umfange die Partenreederei, bedingt dadurch, daß die Familien im Dorf alle mehr oder weniger miteinander verwandt und verschwägert waren. Dort wurde das Geld gegen Handschlag geliehen und so rasch wie möglich wieder zurückgezahlt. Anders war es dagegen, wenn jemand von außerhalb eine Anleihe aufnehmen wollte, aus dem benachbarten Hermannshagen zum Beispiel. Er konnte zwar in jedes Haus gehen, und ihm wurde auch geholfen, doch ohne Schuldschein wurde ihm die Summe nicht zur Verfügung gestellt. Michaelsdorf, ebenso wie viele andere Dörfer dieses Landstriches, war durch die Segelschiffahrt zu Wohlstand gekommen.

Vier Generationen Kapitäne

Fast immer stieg der Sohn in die Fußstapfen seines Vaters, wenn dieser Seemann war. Ein ganz charakteristisches Beispiel stammt aus der Prerower Familie Scharnberg. Sie brachte vier Generationen Kapitäne hervor.

Der Urgroßvater, geboren 1781, das Datum des Todes ist nicht bekannt, hieß Joachim Jakob Scharnberg. Über ihn sind so gut wie keine Angaben mehr vorhanden, nur ein Ölgemälde zeigt noch sein Antlitz. Der Großvater, Kapitän Johann Jakob Scharnberg, wurde am 9. April 1812 geboren und starb am 4. September 1876. Sein Schiff war die Brigg ARTHUR, mit der er über fünfzehn Jahre lang Fahrten in der Ost- und Nordsee unternahm. Vorwiegend verkehrte er zwischen Rostock bzw. Warnemünde und England. In den Archivunterlagen werden die Namen von zehn englischen Häfen genannt, die J.J. Scharnberg mit seinem Schiff oftmals anlief. Darüber hinaus war der erfahrene Seemann aber auch in Antwerpen, Riga, Memel, Danzig und in Sandarne in Norwegen gut bekannt.

Interessante Hinweise über die Parten dieses Schiffes vermitteln die Abrechnungen aus dem Jahre 1855. Danach gab es für die ARTHUR

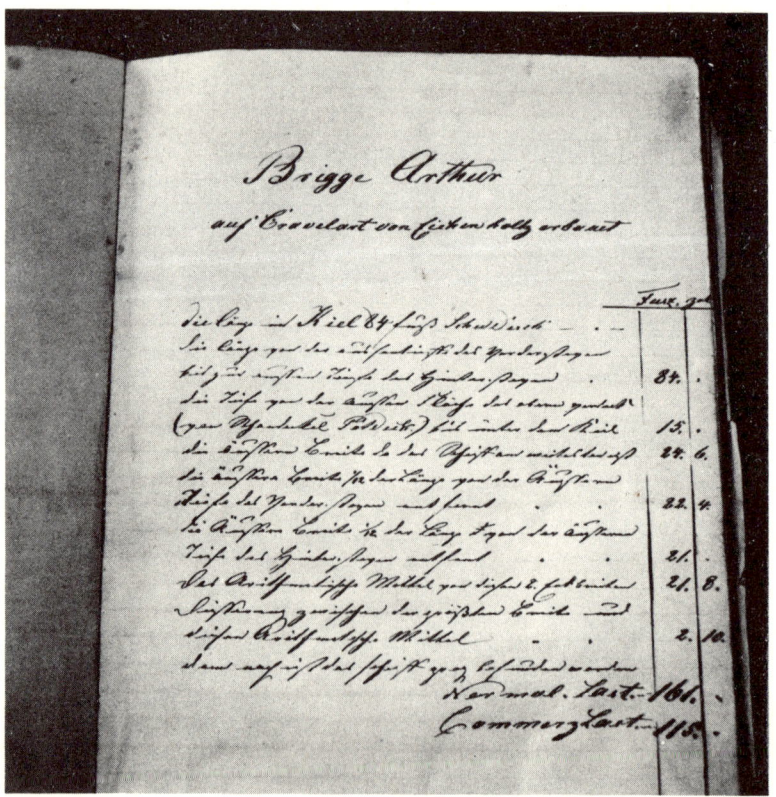

Abrechnungsbuch aus der
Schifferfamilie Scharnberg.
Darß-Museum Prerow

Johann Jakob Scharnberg
(1812–1876)

Eduard Scharnberg (1856–
1910) (links)
Louis Scharnberg
(1886–1963)
Darß-Museum Prerow

35 Parten, die unter anderen 29 Kapitäne aus Prerow, Zingst, Wieck, Barth, Stralsund und Bresewitz besaßen. Ferner waren finanziell beteiligt: ein Baron von Krassow, ein Oberförster, zwei Rentiers sowie zwei Personen, deren Berufsangaben fehlen. Die Abrechnung erfolgte in Reichstalern, englischen Pfunden, amerikanischen Dollars, in dänischen Reichstalern sowie in Silberrubeln.

Der nächste Kapitän in der Scharnberg-Reihe hieß Eduard Scharnberg, geboren am 22. Oktober 1856, gestorben am 13. August 1910. Während der Großvater vielleicht noch auf einer Galeasse die Kommandos gab, der Vater eine Brigg führte, so stand Eduard Scharnberg bereits auf einer großen Bark, auf der 1873 in Barth erbauten TREUE. Sie war mit 460 Registertonnen ein stattliches Schiff, dessen Fahrtgebiet über die Ostsee und Nordsee hinausreichte. Aus dem Schiffsjournal der TREUE ist zu entnehmen, daß sich das Schiff 1883 auf der Reise von Buenos Aires nach Plymouth befand. Auf einer erneuten Fahrt nach Südamerika (1884) geriet die Bark in Brand und ging verloren. Die gesamte Mannschaft aber konnte durch ein italienisches Schiff gerettet werden.

Der letzte Scharnberg-Kapitän, Louis Scharnberg (19. Januar 1886 bis 14. November 1963) löste sich von der engeren heimatlichen Schiffahrt, um von Hamburg und Bremen aus, zuerst als Matrose, später als Kapitän Häfen auf allen Kontinenten anzulaufen. Einige der großen Reisen führten von Bremen nach Surabaja und Buenos Aires, von Hamburg nach New York, von dort weiter um Kap Hoorn nach San Francisco und Portland an der amerikanischen Westküste. Auch Java und Sydney stehen ebenso wie viele, viele Häfen im Mittelmeer und im Nord- und Ostseeraum in den Seefahrtsbüchern von Louis Scharnberg.

Seltsame Fracht

Eine fast abenteuerliche Geschichte erlebte ein anderer Seemann aus Wustrow im Hafen von San Francisco. Eine Rostocker Bark hatte in diesem amerikanischen Hafen festgemacht, um Weizen für Shanghai zu laden. Eines Tages tauchte an Bord ein Chinese auf. Er schloß mit dem Kapitän ein Geschäft ab, das in der Segelschiffahrt einen gewissen Seltenheitswert besaß. Es galt, eine Leiche nach Shanghai mitzunehmen. Natürlich war der Kapitän zuerst überhaupt nicht davon angetan. Ein Toter an Bord, so etwas könnte vielleicht Unglück bringen. Doch für gute englische Schillinge und harte Dollars – der Bruder des Verstorbenen war ein reicher chinesischer Kaufmann in San Francisco und knauserte nicht mit dem Geld – ließ sich der Schiffer recht schnell überreden. (Übrigens, während der Krimkriege verdienten

u. a. Schiffer aus Rostock und vom Fischland mit der Beförderung toter Türken auch ein reichliches Handgeld.) In den Erzählungen Fischländer Fahrensleute sah das Geschäft von San Francisco später natürlich ganz anders aus. Da handelte es sich nicht nur um einen toten Chinesen, den der Kapitän in einem fest verschlossenen Sarg an Bord hatte, sondern um sieben. Und diese waren gar nicht tot. Sie hatten sich in Särgen mit Luftlöchern an Bord schmuggeln lassen, um entweder billig in die Heimat zu gelangen bzw. um das Schiff zu kapern. (Das wurde in den Erzählungen unterschiedlich ausgelegt und ausgeschmückt.) Doch rechtzeitig konnte das Unheil bemerkt werden.Die Chinesen wurden in ein kleines Beiboot gesetzt und mußten zusehen, wie sie nach San Francisco zurückkamen.

Eine andere wohl einmalige Fracht beförderte die 1841 von Friedrich Dethloff in Rostock gebaute Brigg FRIEDERIKE (119 Lasten). 1854 strandete das Schiff auf der Fahrt nach Hull in schwerem Schneesturm an der englischen Küste. Dazwischen lagen unter Leitung von Kapitän J. P. Voß aus Wustrow zahlreiche Reisen, deren wichtigste die von Alexandrien nach Hamburg im Jahre 1846 war.

Dazu die Vorgeschichte: Der spätere Begründer der modernen Ägyptologie Richard Lepsius (1810–1884) wurde 1842 als Professor nach Berlin berufen und mit der Leitung einer Expedition nach Ägypten beauftragt, die König Friedrich Wilhelm IV. von Preußen auf Fürsprache Humboldts und Bunsens aussandte. Es ging u. a. um die Un-

Schonerbrigg »Hedwig« unter Kapitän Zabel. Heimathaus Zingst

tersuchung der altägyptischen Denkmäler im Niltal und auf der Sinaihalbinsel. Am 1. September 1842 reiste Richard Lepsius mit seinem Stab, darunter befanden sich Maler, Bildhauer und Architekten, von Southampton an Bord des ORIENTAL STEAMER nach Alexandrien. In den darauffolgenden Jahren bis 1846 erforschte die Expedition zahlreiche Stätten und sammelte Originalstücke in Pyramiden, Gräbern, Tempeln und Palästen, die auf dem Rücken von Kamelen nach Alexandrien gelangten und dort eingelagert wurden. Unter den Funden befanden sich auch drei Grabkammern der Nekropolen von Memphis aus dem dritten Jahrtausend vor der Zeitenwende.

Diese wertvollen Kunstschätze wurden im Frühjahr 1846 auf die Rostocker Brigg FRIEDERIKE unter Kapitän Voß sorgsam verladen und nahmen ihren Weg nach Deutschland, wo sie später im Neuen Museum, im heutigen Ägyptischen Museum, ihren Platz fanden. Ursprünglich war an die Beförderung der Kunstschätze auf einem englischen Schiff gedacht worden, aber die finanziellen Forderungen des Engländers waren so hoch, so daß man sich für ein Rostocker Schiff entschied. Zudem war bekannt, daß die mecklenburgischen Kapitäne auf eine gewissenhafte Verladung besonderes Augenmerk legten, und darauf kam es bei dieser Fracht in erster Linie an.

Im Bestand des Geheimen Zivilkabinetts des preußischen Staates von 1846 findet sich folgender kurzer Bericht des Generaldirektors der königlichen Museen, von Olfers, an König Friedrich Wilhelm IV.: »Ew. Königlichen Majestät kann ich nach so eben aus Hamburg eingehender Nachricht alleruntertänigst melden, daß die ganze Sendung der ägyptischen Altertümer, welche auf der Expedition des Prof. Lepsius gesammelt worden sind, an Bord des Schiffes FRIEDERIKE, Kapt. Voß, am 20. abends glücklich auf der Elbe angekommen sind. Das Schiff hat am folgenden Tage gleich die Quarantäne verlassen können und wurde gestern bei der Stadt erwartet, so daß die Löschung gleich nächste Woche beginnen und dann die Versendung stromaufwärts erfolgen kann.«

Das wird mit Sicherheit die wertvollste Ladung gewesen sein, die jemals auf einem Schiff unter Rostocker Flagge im 19. Jahrhundert transportiert wurde und die ein Fischländer Kapitän jener Zeit zu befördern hatte.

Was sich hinter Zahlen verbirgt

Der zunehmende Seeverkehr in der Welt wirkte sich auch auf den Schiffsbestand zwischen Ribnitz und Barth aus. Die Akten des Magistrats in Barth belegen das in vielfacher Hinsicht. Die Lage der Stadt an dem verhältnismäßig flachen Bodden war für die Schiffahrt nicht sonderlich günstig, denn die Schiffe mußten auf Reede in der Ostsee beladen werden, nachdem die Frachten mit kleineren Booten – den Leichtern – hinausgefahren worden waren. Trotzdem nahm die Schiffahrt hier in einem ganz erstaunlichen Maße zu.

Während ursprünglich viele der zum Transport bestimmten Waren aus Rostock bezogen wurden, änderte sich das nach 1728, als sich Joachim Meinke in Barth niederließ und mit einem unabhängigen Außenhandel begann. J. Meinke blieb nicht allein, andere folgten seinem Beispiel und machten während des Siebenjährigen Krieges durch schwedische und russische Transporte beträchtliche Gewinne. (Barth gehörte damals noch zu Schweden, war also im Vergleich zu den preußischen Ostseehäfen unabhängig. Die mit Preußen in Auseinandersetzung liegenden Staaten Schweden und Rußland, insbesondere deren Häfen, wurden häufig attackiert.) Die Maximalgröße der Barther Schiffe wuchs in den Jahren 1745 bis 1765 von 14 auf 55 Lasten. 1757 besaß die Stadt 35 Schiffe, 1815 bereits 65 mit insgesamt 5830 Lasten. In diesem Jahre erhielt Preußen das letzte noch von den Schweden besetzte Stück der deutschen Ostseeküste zurück, doch die Barther jubelten darüber nicht. Die neue Herrschaft wirkte sich auf die Entwicklung der Schiffahrt negativ aus, zumindest am Anfang.

Modell einer Bark im Darß-Museum Prerow

Tür des Hauses von Kapitän Ahrens in Prerow, Buchenstraße 26, angefertigt durch Brigg-Schiffer Richard Kraeft 1834

Viele Schiffer wanderten nach Schweden aus, denn Barther Schiffe durften vorerst das Mittelmeer nicht befahren. Zwischen 1818 und 1824 erhielten in Barth und Umgebung 75 Seeleute die Genehmigung zur Auswanderung. Dabei handelte es sich um 54 Matrosen, 16 Steuerleute und fünf Schiffer. Das Durchschnittsalter lag zwischen 18 und 23 Jahren.

Unter schwedischer Herrschaft bedienten sich die Barther Schiffer der schwedischen »Türkenpässe«, durch die eine unbehinderte Fahrt durch das Mittelmeer gewährleistet wurde. Die preußische Regierung war noch nicht in der Lage, derartige Schutzbriefe auszustellen, so daß der einträgliche Seehandel in diesem Gebiet vorerst ausfallen mußte. Doch auch weiterhin gab es noch einige Barther Schiffer, die bis 1830 unter schwedischer Flagge fuhren, obwohl das skandinavische Königreich seine Rechte über Neuvorpommern bereits abgetreten hatte. Die Schiffsführer hielten es aber für vorteilhafter, als schwedische Untertanen zu gelten, hauptsächlich aus dem Grunde, die gefährlichen Küsten Nordafrikas unbehelligt passieren zu können. Schweden bezahlte den Regierungen von Algier, Tunis und Marokko einen jährlichen Tribut für die freie Fahrt seiner Schiffe. Als Gegenleistung hatte sich jeder pommersche Kapitän zu verpflichten, sein Schiff zur Hälfte mit schwedischer Mannschaft zu belegen. Daraufhin erhielt er dann von der schwedischen Regierung den »Türkenpaß«, den Freifahrtschein, um jene berüchtigten und unsicheren Gewässer, die von schnellen und gutbewaffneten Schiffen der drei Länder genau kontrolliert wurden, ohne Gefahr für Mannschaft, Ladung und Schiff befahren zu können. Lange Zeit lag die Schiffahrt in Barth still. Die Bestandszahlen nahmen erst wieder Ende der vierziger Jahre des 19. Jahrhunderts zu. 1848 und 1849 wurden jeweils 93 Schiffe registriert. Die Größe der Schoner, Briggs und Barken lag zwischen 30 und 258 Lasten. Der Beginn der Schonerschiffahrt in größerem Umfang datiert um das Jahr 1840. Bis 1850 wuchs der Schonerbestand stetig an. Noch 1859 gab es 38 dieser zweimastigen Fahrzeuge, deren kleinstes die ARNOLD (43 Lasten und fünf Mann Besatzung) und deren größtes die ARTHUR (118 Lasten und acht Mann Besatzung) waren.

Für den untersuchten Zeitraum eines Vierteljahrhunderts weisen die Schiffslisten des Barther Magistrats folgendes aus:

Jahr	Anzahl der Schiffe	Jahr	Anzahl der Schiffe
1856	105	1869	137
1857	118	1870	138
1858	112	1871	143
1859	123	1872	147
1860	129	1873	151
1861	130	1874	163
1862	129	1875	166
1863	140	1876	165
1864	129	1877	178
1865	133	1878	179
1866	135	1879	185
1867	136	1880	172
1868	134		

In dieser Statistik sind die Küstensegler nicht berücksichtigt. Die Zahl der in Barth beheimateten Seeschiffe nahm von 1856 bis 1880 stetig zu und erreichte mit 185 Schiffen 1885 ihren absoluten Höhepunkt. Mit ihrer steigenden Anzahl erhöhte sich ebenso ihre Durchschnittsgröße, von etwa 100 Lasten je Schiff 1865 auf später 150 Lasten je Schiff und darüber.

Preußens Kriege wirkten sich teilweise hemmend auf die Barther Schiffahrt aus, aber der letzte, der deutsch-französische Krieg 1870/71, brachte den Schiffseignern Entschädigungszahlungen in beträchtlichem Ausmaße ein. Ihre Höhe betrug 163742 Taler aus den von

Frankreich herausgepreßten Milliarden. Wofür war diese Entschädigung gezahlt worden? 107 Schiffe der Barther mußten in den beiden Kriegsjahren (1870/71) wegen der feindlichen Bedrohung aufgelegt werden. Für diese beschäftigungslose Zeit erhielten die Reeder der Schiffsgröße entsprechend eine Ausgleichssumme, die allerdings nur in den allerwenigsten Fällen dem sonstigen Gesamtverdienst entsprach. Für die 348 Registertonnen große Bark COURIER wurden 9692 Taler und 18 Silbergroschen – sie war eines der größten Barther Schiffe – gezahlt, der Eigner der Schaluppe MARIE erhielt dagegen nur 23 Taler und 14 Silbergroschen.

In den achtziger Jahren verringerte sich überall die Zahl der Segelschiffe. Auch Barth blieb davon nicht ausgenommen. 1890 nannte die Stadt noch 70 und 1900 nur noch 21 Seeschiffe ihr eigen.

Was nicht im Logbuch steht

Im Ribnitzer Heimatmuseum ist ein sehr gut erhaltenes und sauber geführtes Logbuch ausgestellt. Es ist in festes Segelleinen gebunden. Mit exakter Schrift – man bedenke den bisweilen hohen Seegang – hat der Schiffer H. D. Brathering aus Wustrow in diesem Logbuch die Reiserouten der Bark JOHANN DANIEL festgehalten. Im Spätsommer 1857 führte die erste Reise der Bark von Stralsund nach Danzig und von dort nach Cardiff (16. Oktober 1857). Danach wurde Kurs auf Barcelona und Konstantinopel genommen (10. April 1858). Weiter ging es nach Taganrog und von dort wieder nach England. Im Logbuch sind

Matrosenlogis

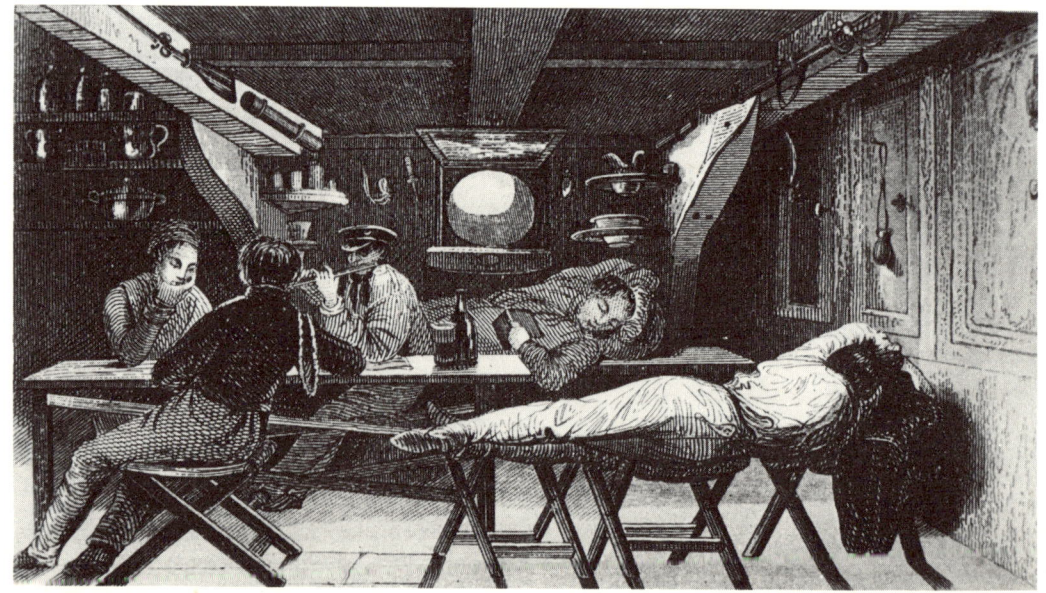

die Häfen Falmouth, Lowestoft, Newport, St. Thomas, Belize, Queenstown, Portsmouth, Newcastle (15. September 1859) verzeichnet. Das nächste Reiseziel lautete Kopenhagen. Von dort steuerte die Bark nach Danzig, Bristol, Swansea. Dann ging es auf große Fahrt nach Caldera (Chile) um Kap Hoorn herum. Es folgte eine Fahrt nach Callao in Peru. Von dort segelte die Bark zurück nach Europa. Queenstown, Tayport, Warnemünde werden im Logbuch aufgeführt. Nach kurzem Aufenthalt in der Heimat ging es weiter: Dundee, Tayport, Rostock, London. Mittlerweile schrieb man bereits das Jahr 1863. In diesem Jahr steuerte das Schiff von London nach Indien. Im Logbuch ist darüber zu lesen: 16. März 1863 Südatlantik, 20. März Cap der Guten Hoffnung, 12. Juli Ankunft in Rangun. Nach knapp zweiwöchigem Aufenthalt ging die Reise zurück nach London, wo die JOHANN DANIEL am 15. Dezember 1863 festmachte. Ein Jahr darauf unternahm sie erneut eine große Fahrt: nach Indien und Colombo, heimwärts über Newcastle nach Swinemünde.

Das 351 Registertonnen große Schiff, 113 Fuß lang, 27,8 Fuß breit, machte noch viele glückliche Reisen. 1894 sank es im Englischen Kanal.

Was die Schiffer nicht ins Logbuch schrieben, das waren die großen Mühen des Alltags an Bord, das harte Leben der Matrosen. Lesen wir in den Aufzeichnungen eines von ihnen, der gleichfalls mit einem Segler nach Indien fuhr:

»Das Schiff stampft bei schwerer See durch den Golf von Biskaya. Alle Lukendeckel sind geschlossen. Die Männer kommen kaum aus den nassen Kleidern heraus. Ein paar Wochen sind vergangen, endlich taucht die afrikanische Küste auf. Sonne. Es werden Windsäcke an jeder Luke angebracht, um frische Luft durch die Laderäume streichen zu lassen. Die Kleidung trocknet jetzt richtig aus. Mit Angel, Harpune und Netz versuchen die Matrosen durch den Fang von Meerestieren, darunter auch Schildkröten, den Speiseplan zu bereichern. Der Passatwind, der das Schiff nach Süden bringen soll, läßt auf sich warten. Kein Wind, kein Sturm, keine Hagelbö, nur leichtbewegtes Wasser. Das Meer leuchtet im tiefsten Blau, am Himmel ist es wolkenlos. Diese Stetigkeit bringt für die Besatzung keine außergewöhnlichen Anstrengungen mit sich, allerdings kann sich keiner auf die faule Haut legen. Arbeit ist an Bord immer vorhanden. Da gilt es, die Takelage zu überholen. Regen und schwere See waschen den Teer vom stehenden Gut und die Farben von Masten und Rumpf. Die Hitze schmilzt nun das Pech aus den Nähten der Planken und lockert die Wanten, Pardunen und Stage der Masten und Stengen, so daß sie straffer gesetzt werden müssen. Dafür hat man nachts Ruhe zum Schlafen. Auf einer solchen Reise lernt jeder stopfen, nähen, fertigt sich eventuell sogar neue Beinkleider, Mütze und Schuhe aus festem

Segeltuch an. Es werden Hüte aus sogenanntem Bavaria-Stroh geflochten, Teppiche genäht aus geteertem oder weißem Manilatauwerk, das die Matrosen zum Schmuck mit roten und blauen Wollresten durchsetzen. Hin und wieder wird sogar tätowiert, viel häufiger kommt das allerdings in Hafenstädten vor. Einige Matrosen sammeln fliegende Fische vom Deck.

Die meisten Tage beginnen morgens mit dem Labsalben, das bedeutet, das gesamte stehende Gut zum Halten der Masten und Stengen mit Teer zu konservieren. Auf längeren Reisen geschieht das alle sechs Monate. Die Schiffer nutzen dazu vor allem die Passatreisen, weil hier das Wetter die besten Voraussetzungen schafft. Mit einem Eimer voll Teer und einem Büschel Werg beginnt die Arbeit. Aber wehe, wenn das Deck mit Teer bekleckert wird. Zum Schluß der Arbeit sehen die Männer wie richtige Teerjacken aus. Und die Reinigungsmöglichkeiten sind nicht besonders gut. Meist geschieht das mit altem Fett, das der Koch vom Salzfleisch abgeschaumt hat, und das an Bord gesammelt wird, um damit die Stengen einzuschmieren. Zwar läßt sich der gröbste Teer damit etwas entfernen, doch es dauert Wochen, bis die Hände ihre natürliche Farbe wiederbekommen. Seife ist ein großer Luxus und sehr selten. Hinzu kommt, daß das Seewasser die Seife kaum löst. Lediglich am Sonnabend erhält jeder an Bord einen Viertelliter heißes Frischwasser zum Rasieren. Meist schließen sich fünf oder sechs Mann zusammen, gießen ihr Wasser in eine gemeinsame Schüssel und können sich so noch zusätzlich ›reinigen‹.

Die Sparsamkeit mit dem Süßwasser auf einer solchen Reise nach Indien ist natürlich keine Schikane des Schiffers – sie ist eine Notwendigkeit. Denn aus zeitlichen Gründen wird an der afrikanischen Küste nicht noch einmal Trinkwasser genommen, so daß man mit dem in Rostock oder Hamburg gebunkerten Wasser auskommen muß. Der Großteil der Wasserfässer steht an Deck, die restlichen in den Laderäumen. Bei der Tropensonne dauert es nicht lange, bis der Fäulnisprozeß des Wassers beginnt. Es zieht Fäden, wird schleimig und stinkt entsetzlich nach Schwefelwasserstoff. Doch der Durst ist so quälend, daß auch dieses Wasser getrunken wird.

Der Fäulnisprozeß dauert 14 Tage, dann setzen sich die Schwebstoffe auf den Boden, das Wasser klärt sich, der Geruch verschwindet. Kleine Tiere, die noch herumschwimmen, lassen sich leicht herausfischen. Für den Kapitän und den Steuermann gibt es einen Filtrierapparat an Bord, und es wäre ihm oder dem Reeder wahrlich nicht schwer geworden, ein solches Gerät für die gesamte Mannschaft zu erwerben. Nach dem Kap der Guten Hoffnung beginnt der zweite, aber wesentlich kürzere Fäulnisprozeß des Wassers. Danach hat es die Farbe von prächtigem Wein angenommen und schmeckt gut.

Für die Kost besteht an Bord eine spezielle Speiserolle (um 1880).

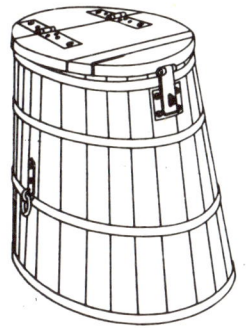

Wasserkrug (etwa 1,20 m hoch) im 18. Jahrhundert

Danach erhält jeder Seemann auf einem Mecklenburger Schiff – und hier ist die Ernährung anerkanntermaßen sehr gut – täglich 500 g Rindfleisch oder 375 g Schweinefleisch oder 250 g Speck oder 375 g Fisch (jedoch nur an zwei Tagen in der Woche) oder 375 g Dosenfleisch. Letzteres wird der Besatzung nach sechs Wochen Salzfleisch zweimal in der Woche ausgeteilt. Bei mehr als zehn Mann auf einem Schiff wird noch eine Extraration an Fleisch oder Fisch ausgegeben. Wöchentlich stehen dem Seemann 500 g Butter und 500 g Schmalz, dazu ein halber Liter Öl, 150 g roher oder 120 g gebrannter Kaffee und 30 g Tee zur Verfügung. Außerdem gibt es in der Woche pro Mann 250 g Gemüse (Kartoffeln, Sauerkraut oder sonstiges Gemüse), 150 g Trockenfrüchte, an hartem Weizen- oder Roggenbrot bzw. Mehl zusammen über 4000 g, 250 g Zucker oder Sirup und 0,25 l Essig. Ferner wird vom Heimathafen ausgehend für die Mannschaft Bier mitgenommen – 50 Liter pro Kopf. Reicht das Bier für die Reise nicht, erfolgt eine Erhöhung der Kaffeeration. Weiter dienen getrocknete Erbsen, Bohnen, Grütze oder Graupen an Bord zur Sättigung. Im Hafen – so sieht es die Speiserolle vor – soll mindestens zweimal in der Woche frischer Proviant (Fleisch, Fisch, Brot, Gemüse) aufgenommen werden. Drei Wochen nach der Ausreise sind jedem Mann an Bord täglich 20 g Zitronensaft zu verabreichen, zweckmäßig in Mischung mit 20 g Zucker, etwas Rum und Wasser. Neben dem warmen Mittagessen erhält die Mannschaft warmes Frühstück und Abendbrot. Auch auf mecklenburgischen Schiffen kommt es vor, daß beim Vergehen eines Mannes an Bord Streichungen in der Verpflegung vorgenommen werden. Schließlich gibt es auch hier wie überall Kapitäne, die sich am Proviant der Mannschaft bereichern, doch bleiben das Ausnahmen.« Soweit die Mitteilungen des Matrosen.

Wenn das Schiff nach monatelanger Reise Indien anläuft, hat sich der Schiffer beim mecklenburgischen Konsul zu melden, die Papiere vorzulegen – das heißt den Beylbrief, den Meßbrief und die Musterrolle. 1864 gibt es in etwa 140 Häfen der Welt mecklenburgische Konsuln. So in Aberdeen, Amsterdam, Archangelsk, Bahia, Boston, Cardiff, Kronstadt, Dover, Falmouth, Gent, Genua, Havanna, Kertsch, Lissabon, St. Petersburg, Quebeck, Rio de Janeiro, Rotterdam, Setubal, Singapore, Toulon, Wisby.

Der Besuch in einem Konsulat bringt natürlich auch für den Kapitän oder die Besatzung Vorteile, z. B. in Rechts-, Geld- oder Gesundheitsfragen. Wo keine mecklenburgischen Konsulate vorhanden sind, wie im Orient, werden die Mecklenburger durch Preußen vertreten. Dazu gibt es eine Verordnung des Großherzogs von Mecklenburg.

Alte Fahrensleute erzählen

Aus der Zeit der Windjammer gibt es nur noch wenige Fahrensleute. Einer von ihnen war Kapitän Ferdinand Wilhelm Richard Hesse, geboren 23. April 1897 in Niehagen, gestorben 1982 in Dändorf. Kapitän Hesse war mittelgroß, ein gesprächsfreudiger Mann mit einem sehr guten Gedächtnis für Namen von Menschen, Schiffen, Städten und für Jahreszahlen.

Wir nehmen Platz (1978) in dem gemütlich eingerichteten Haus in Dändorf mit dem Blick auf den Bodden. Neben Ferdinand Hesse liegt auf der Couch ein siebenjähriger Boxer. Kapitän Hesse hatte in den vielen Jahren seiner seemännischen Laufbahn häufig Tiere an Bord, in den letzten zwanzig Jahren nur Boxer. Dem ist er auch an Land treu geblieben. An der Wand hängen Schiffsbilder der Viermastbark ADOLF VINNEN sowie der DDR-Tanker LEUNA II, SCHWARZHEIDE und BITTERFELD. Alles wird umrahmt von zwei gewaltigen Holzspeeren aus Mombasa. Ansonsten gibt es nicht viele Mitbringsel, da der bescheidene Kapitän im Laufe seines Lebens die schönsten Stücke immer wieder verschenkt hat. Im Alter von 70 Jahren steigt Ferdinand Hesse als Kapitän des Tankers SCHWARZHEIDE ab, um sich zur Ruhe zu setzen. Er besitzt einen schönen Garten, malt gern, wie viele Seeleute, sein Haus an und hat mit anderen alten Fahrensleuten noch engen Kontakt. Bereitwillig holt er seine Seefahrtsbücher und Patente, um eventuelle Irrtümer auszuschließen.

Als 15jähriger stieg der Junge vom Fischland 1912 auf die Kieler Jacht LENS III auf und blieb dort eine Saison. Für 12 Mark im Monat heuerte er anschließend auf dem Wolgaster Schoner ZEUSS an, dessen

Kapitän Loui Burmeister Prerow

Kapitän Ferdinand Hesse, Dändorf

Besatzung lediglich aus vier Mann bestand: Kapitän, Bestmann und zwei Jungen. Das Fahrtgebiet lag vorwiegend in der Ostsee, und Frachten wie Kohle, Briketts und Holz wurden in norwegischen, schwedischen und dänischen Häfen entladen. Im Frühjahr 1913 strandete das Schiff im Kattegat. Die Besatzung konnte sich vollzählig retten. Nach einer kurzen Zeit auf dem Dampfer ALFRED wechselte Ferdinand Hesse als Jungmann auf die Viermastbark ADOLF VINNEN über. Mit Kohle aus Cardiff ging es nach Antofagasta in Chile und mit Salpeter zurück. Die gesamte Reisedauer betrug 276 Tage. Unter Leitung von Kapitän Müller fuhren auf der ADOLF VINNEN viele Fischländer in der 36 Mann starken Besatzung. Bei schwerem Wetter vor Kap Hoorn standen vier Matrosen festgebunden am Ruder, um nicht von den Sturzseen hinweggespült zu werden. Nach dem Leichtmatrosendasein auf der VINNEN begann für Hesse das Matrosenleben auf dem Dampfer CAP FINISTERRE, vorwiegend auf der Relation Buenos Aires, Santos, Riga. Die Dampfer ERNST HUGO STINNES, ACTIVA, MALAGGA und BÜRGERMEISTER VON MELLE stehen ebenfalls in seinen Seefahrtsbüchern. Es folgen Reisen als Bootsmann auf den Schonern WOHLFAHRT und STURMVOGEL. Der STURMVOGEL war in Barth beheimatet. Nach dem ersten Weltkrieg musterte Ferdinand Hesse auf der Hamburger Brigg SEESCHWALBE an, die unter der Führung von Kapitän Schmietendorf aus Dändorf stand. Auf einer Reise von Finnland nach Hamburg zeigte sich die Ostsee bei Windstärke 9 von ihrer schlechten Seite, und Ferdinand Hesse wurde beim Segelreffen von einer Bö über Bord geworfen. Er hatte Glück und wurde gerettet. Das war gleichzeitig seine letzte Fahrt auf einem Segelschiff. Von nun an waren Tanker das Zuhause des Fischländers, der 1919 an der Seefahrtschule in Wustrow sein Steuermannsexamen ablegte und als III. Offizier auf die GEDANIA aufstieg. Es war ein 17000-Tonner, der zwischen

New York und Tampico verkehrte. Kurze Zeit später war Hesse schon II. Offizier auf dem 12 000-Tonnen-Tanker PERSEPHONE auf der Route Mexiko, Montreal, Halifax.

Seinen wohlverdienten Urlaub verbrachte er in der Heimat, wo ihn ein Telegramm erreichte, daß er I. Offizier auf der GEDANIA geworden sei. Ab Southampton, einem der großen europäischen Häfen für Passagierschiffe, fuhr Ferdinand Hesse zum ersten Mal in seinem Leben als Passagier, noch dazu auf einem so berühmten Schiff wie der MAURETANIA, Gewinnerin des »Blauen Bandes«, nach Amerika.

An einem Kai in Baltimore lag die GEDANIA. Fünf Jahre lang war sie sein Brotschiff. Der Törn: Golf von Mexiko, Kanada, Panama-Kanal, Peru, Argentinien. Besonders schwierig waren zu dieser Zeit die Fahrten durch die Magellanstraße, es gab wenig Leuchtfeuer, so daß immer mit doppelten Wachen gefahren werden mußte. In der Zwischenzeit, 1931, bestand Ferdinand Hesse in Wustrow die Prüfungen zum Kapitän für Große Fahrt. 1936 wurde er II. Offizier auf dem Dampfer MINNA CORDS der gleichnamigen Reederei aus Rostock. Als Kapitän fuhr er dieses Schiff bis zum Ausbruch des zweiten Weltkrieges. In den Kriegsjahren mußte Ferdinand Hesse ein Lazarettschiff im Mittelmeer führen.

Nach 1945 begann auch für ihn ein neues Kapitel. Das Fischkombinat in Rostock suchte fähige Nautiker. Ferdinand Hesse war über 50 Jahre alt, jedoch gab es für ihn kein Zögern. Er begann als II. Steuermann auf dem Logger STALINGRAD, wechselte als I. Steuermann auf den Logger LENINGRAD über und war bereits 1951 wieder anerkannter Kapitän auf WERNER SEELENBINDER und CARL VON OSSIETZKY. Sieben Jahre lang schätzte man ihn als einen guten Fischersmann zwischen Barentssee und Spitzbergen. Doch in der Zwischenzeit war eine neue Handelsflotte in der DDR entstanden, und dazu gehörten Tanker. Ferdinand Hesse führte als Spezialist für Tankerfahrt die Bauaufsicht der LEUNA in Leningrad und fuhr als I. Offizier mit diesem Schiff nach Noworossisk. 1960 holte er aus Schweden den Tanker LÜTZKENDORF und 1962 die BUNA. Nach der BITTERFELD hieß dann schließlich sein letztes Schiff SCHWARZHEIDE, auf dem er 1967 als »Verdienter Seemann« verabschiedet wurde.

Bei manchen seiner Schilderungen über Schiffe und Städte bekommt seine Stimme einen weichen Klang, Ausdruck besonders nachhaltiger Erinnerungen. Beim Erzählen raucht Kapitän Ferdinand Hesse bedächtig seine Pfeife, aber keinen normalen Tabak, sondern Zigarren, die geschickt in vier Stücke gebrochen werden und so die passenden Füllungen für die Pfeife abgeben.

Etwa 25 Schiffe fuhr Kapitän Hesse in seinem langen Seemannsleben, und fast auf die gleiche Zahl kommt ein anderer berühmter Kapitän aus Zingst. Es ist Paul Hansen. Geboren 1882, gestorben 1956. Er

war Schiffsjunge, Kochsmaat, Jungmann, Leichtmatrose, Matrose, Steuermann und schließlich 34 Jahre Kapitän. Zu seinen Lieblingsbeschäftigungen gehörte das Zeichnen, und so sind der Nachwelt sämtliche Schiffe, die Paul Hansen fuhr, als Ansicht erhalten geblieben: Galeasse, Tabakklipper, Raddampfer, Viermastbark und Dampfer verschiedener Größen.

Paul Hansen, dessen Grab auf dem Zingster Friedhof liebevoll gepflegt wird, hat durch seinen Mut und seine Unerschrockenheit für Aufsehen gesorgt.

Es war im Jahre 1926. Im Hafen von Jaffa stand der mit Benzin und Petroleum beladene ägyptische Segler EL OMEH in hellen Flammen. Die Besatzung hatte fluchtartig das Schiff verlassen. Die EL OMEH lag hundert Meter von Lagern mit explosiven Stoffen entfernt vor Anker und war noch mit zwei Leinen an der Pier vertäut. In Jaffa entstand eine Panik. Alle im Hafen liegenden Schiffe flohen auf die offene See. Kapitän Paul Hansen, dessen Besatzung zum Teil aus Zingster Matrosen bestand, lag mit dem Hamburger Frachtschiff OLGA SIEMERS gleichfalls im Hafen. Auch er erkannte die Gefahr einer gewaltigen Explosion. Deshalb ließ er alle an Bord seines Schiffes befindlichen Eisenketten zusammenschließen und an der Ankerkette des brennenden Seglers festmachen. Dann lief er unter Volldampf mit der brennenden EL OMEH, deren Festmacherleinen glücklicherweise brachen, aus dem Hafen hinaus. Nach etwa zwei Seemeilen brach auch die Schlepptrosse, aber der in hellen Flammen stehende Segler konnte nicht mehr in den Hafen zurücktreiben. Die OLGA SIEMERS nahm Kurs auf Jaffa, wo ihr ein jubelnder Empfang bereitet wurde. Vom Hafen aus beobachteten die Seeleute die gewaltige Explosion. Über drei Stunden stand die See um das Wrack in Flammen. Diese mutige Tat fand hohe Anerkennung. Kapitän Hansen erhielt unter anderem ein komplettes Tafelsilber und bis zum Ausbruch des zweiten Weltkrieges jährlich ein Glückwunschschreiben von der englischen Regierung. Am stolzesten aber waren die Zingster Jungen auf ihren Kapitän. Wenn es hieß, Hansen kommt, liefen sie zum Bahnhof und schätzten sich glücklich, seine Koffer tragen zu dürfen.

Unweit von Zingst liegt Born. Hier wohnt ein anderer bekannter Kapitän, Hans von Petersson. Die Familie ist seit 1820 in diesem Dorf ansässig und zählt mehrere Generationen Seeleute. Der Urgroßvater ist mit Schiff und Besatzung auf einer Reise nach Südamerika verschollen. Der Urenkel stieg mit 16 Jahren auf das Vollschiff LANDKIRCHEN, und seine erste Reise führte ihn im Jahre 1922 in 18 Monaten gleich rund um die Welt. Das war die Grundlage für seine gediegene seemännische Ausbildung, die er als Leichtmatrose auf der PAMIR fortsetzte. Dreimal segelte Hans von Petersson um Kap Hoorn. Den Seglern folgten der Zeit entsprechend die Dampfschiffe. Dabei lernte er auf Luxuslinern das Elend der Kohlentrimmer und die Verschwen- dungssucht reicher Passagiere kennen. Die Kohlentrimmer hatten in einer Wache zehn Tonnen Kohle aus den Bunkern in die Kesselfeuer zu schaufeln und zusätzlich die Asche über Bord zu kippen.

Die Monatsheuer des III. Offiziers Hans von Petersson betrug auf dem Luxusdampfer RELAINS 180 Mark. Die billigste Kabine hingegen kostete sage und schreibe 16 000 Dollar für eine mehrwöchige Kreuz- fahrt. Dafür hatten amerikanische Millionäre die Gelegenheit, acht Gänge zum Dinner mit goldenen Bestecks zu essen. Auf einem sol- chen Schiff ließ die Reederei nicht ein einziges Mal die Ehefrauen der Offiziere mitreisen, nicht einmal von Hamburg bis Bremen. Seine rei- chen Erfahrungen als Nautiker gab Hans von Petersson an der See- fahrtschule Wustrow an den seemännischen Nachwuchs weiter. Er half nach 1945 beim Wiederaufbau des meteorologischen Dienstes in Warnemünde und leitete viele Jahre das Maritime Observatorium in Zingst, eine Außenstelle der Karl-Marx-Universität Leipzig für Wet- terbeobachtungen. Hans von Petersson beschäftigte sich besonders mit Eisprognosen im Ostseeraum und lieferte dazu zahlreiche Veröf- fentlichungen.

Die Lebensgeschichten dieser drei Männer sind nicht ungewöhn- lich für Fahrensleute vieler Generationen zwischen Ribnitz und Barth. Sie trugen die Namen der kleinen Städte und Dörfer hinaus in die Welt. Von dort brachten sie vieles mit, was noch heute Urlauber und Gäste anzieht. In Gesprächen vermitteln die Seeleute gern ihr Wissen – darunter sicher auch einen Faden feingesponnenen Garns – und lassen den Partner an der Arbeit und Freude des Seemannsbe- rufes teilhaben.

Das Leben in der Heimat

Wenn Seeleute nach wochen-, monate- oder gar jahrelangen Reisen in die Heimat zurückkehrten, benötigten sie dringender als andere die Familie, das Haus, den Garten, das Vieh. Zu Hause konnten sie sich erholen, Kraft sammeln für die nächste Reise. Im Laufe der Jahre, mit der sich entwickelnden Schiffahrt, traten in den einzelnen Dörfern immer stärker sozialökonomische Unterschiede auf. Das machte sich besonders an den Schifferhäusern und Matrosenkaten bemerkbar.

Das Haus des Schiffers

Das Schifferhaus vertritt nicht eine einzelne Person, sondern einen ganzen Stand. Zumeist sind es schmucke rote Ziegelbauten, in Dändorf ebenso wie in Dierhagen und in Wustrow. Ein Gutteil Liebe und eine große Menge Geld stecken darin. In den Schifferhäusern sind die Vorderstuben hoch und groß. Dahinter befindet sich ein weiterer Raum, der durch eine weiße, breite Flügeltür verbunden ist. Glasscheiben und weißlackierte, hölzerne Schmuckelemente zieren diese Tür. Manche Schiffer versahen sogar den Türrahmen mit Schnörkeln und Elementen. Schränke stehen an den Wänden der Vorderstuben, oft aus wertvollen Hölzern wie Mahagoni oder Teak gefertigt, Schreibschränke blitzen mit ihren prächtigen Beschlägen, gewaltige Kommoden aus dunklem Holz, hohe Kleiderschränke und Leinenschränke – alles sehr sorgfältig, solide, wie für Generationen gebaut – bieten sich den Blicken der Besucher. Schiffsbilder, von holländischen oder französischen Künstlern angefertigt, zieren so manche Wand, und man kann an ihnen ganze Geschichten der Seemannsfamilien ablesen. Die Stuben sind überwiegend tapeziert. Das mit blankem schwarzem Haartuch bezogene Sofa lädt zum Verweilen ein. Alles glänzt vor Sauberkeit. Schneeweiße oder geblümte Gardinen vor den Fenstern, blanke Fliesen auf dem Fußboden. Die letzte Stube im unteren Teil des Hauses ist das Schlafgemach. Der Flur endet mit einer leicht gewendelten Treppe zum oberen Stock, wo an den Giebelseiten schöne Zimmer und daneben noch schräge Abseiten liegen. Vom Flur aus führt der Weg aber auch in das Heiligtum der Frau des Schiffers – in die Küche. Sie ist ein Musterraum an Ordnung und

Reinlichkeit. Schränke und Wände sind fast überladen mit englischem Porzellan. Der Herd ist von einem blanken Messingrand eingefaßt. Aber allzu häufig wurde dieser Herd, wie auch die schönen Stuben, gar nicht benutzt. Gekocht wurde meist in einem Anbau, der nach dem Hof hinausgeht. Solange der Schiffer auf See war, hatte die Frau mit ihren Kindern nur einen Teil des Hauses belegt, nicht den feinsten.

Das Schifferhaus entstand bereits beim Bau so, wie es später sein sollte und blieb. Veränderungen nach der Fertigstellung nahm man nur ganz selten vor. Es war ausgewogen in allen Maßen. Vielleicht hat die Weiträumigkeit des Hauses und die Zweckmäßigkeit seiner Gestaltung und Einrichtung ihre Ursache in der Lebenswelt des Seemannes. Auch er verstand etwas vom Haushalt, und die Seemannsfrau, die des öfteren ihren Mann auf seinen Reisen begleitete, vielleicht von den engen Räumlichkeiten an Bord nicht gerade angezogen und zudem welterfahrener als viele ihrer Gefährtinnen an Land, sehnte sich in ihrem Hause nach Weite und Großzügigkeit.

Alles wurde bedachtsam angelegt. Von der Küche zum Beispiel führt ein Fenster auf den Hof – dort steht der Brunnen, spielen die

Kapitänshaus in Prerow, Waldstraße 42

Mitbringsel. Buddelschiff.
Heimathaus Zingst

Mitbringsel. Englisches
Geschirr (Becher, Schale,
Teller). Heimathaus Zingst

Darß-Museum in Prerow

Kinder, gackern die Hühner. Anbau, Schuppen und holzgeteerte
Wand grenzen den Hof nach den Seiten ab. Die zweite Küche im Anbau dient neben dem Kochen in der Abwesenheit des Mannes auch
zum Waschen, Einkochen und Schlachten.

   Das Eingemachte, die hausschlachtene Wurst, der gute saftige
Schinken, das alles und vieles andere kam auf den Tisch, wenn der
Schiffer im Hause weilte. Dann gaben die wohlgefüllten Vorratskammern und Keller ihre Schätze her, die Platz fanden auf dem Geschirr
aus England. Diese englische Keramik fehlte in keinem Schifferhaus,
denn die meisten Seeleute, die Reisen nach England machten, brachten auf der Rückfahrt solche Keramik mit in ihr heimatliches Dorf, je
nach ihren finanziellen Möglichkeiten. Während der Schiffer ein gan-
zes Service erstand, mußte sich der Matrose mit einem Einzelstück begnügen. Schiffshändler in englischen Häfen trieben mit dem Geschirr
einen regen Handel, der sich nicht nur auf dem Festland, sondern sogar auf See entwickelte. Der Händler kam mit seiner schwimmenden

Verkaufsstelle längsseits der Bark oder Brigg und breitete die reichhaltige Palette aus. Es gab das Speisegeschirr mit Platten, Tassen, Schüsseln, Tellern, mit Obstkörben und Butterdosen, Teedosen, Kannen, Fläschchen für Essig und Öl. Damit nicht genug – Haushaltskeramik war ebenfalls gefragt: Waschschüsseln und -kannen, Kerzenleuchter, Seifenschalen, es fehlte auch nicht das Nachtgeschirr. Nun, das alles diente dem Gebrauch. Aber auch die gute Stube im Haus sollte verziert und verschönt werden. Dazu erstand man Kaminfiguren und Vasen, Wanduhren und Schreibzeug. Das Dekor war unterschiedlich. Beliebt waren Landschaftsbilder aus England, Schottland und Irland, es gab Motivgruppen mit Darstellungen von Tieren und Pflanzen, mit Szenen aus dem Jagd- und Schäferleben. Nicht vergessen werden dürfen die Abbildungen von Schiffen. Die Farben des Dekors reichten vom Blau über das Karminrot bis zum Rostbraun. Im Laufe der Zeit erfuhr diese Keramik einen Gebrauchswandel. Ursprünglich für die familiäre Behaglichkeit gedacht, diente sie später häufig der Repräsentation: beim Festessen nach den Schiffspartenabrechnungen, den Jahresversammlungen der Schiffervereinigungen, auf Schifferbällen, bei den Tarockrunden der Kapitäne und beim Kränzchen der Schifferfrauen.

Außer den Seeleuten fanden sich schon bald andere Interessenten für die Keramik. Die Nachfrage wurde so groß, daß man von einem regelrechten Keramikimport sprechen konnte. Bereits 1755 wurde solches Geschirr an die Küste von Vorpommern gebracht, nach Stralsund. Verkaufsofferten in den Zeitungen warben erfolgreich für den Absatz.

Hundert Jahre später, 1854, wurden insgesamt 5038 Zentner feines Steingut aus England nach Mecklenburg geliefert, über die Hälfte davon wurde in Rostock umgeschlagen. Der Verkauf erfolgte in speziellen Glaswaren- und Steingutgeschäften sowie auf Märkten in verschiedenen Städten des Landes. In diesem Zusammenhang sei eine Besonderheit der Zierkeramik nicht vergessen: die Hunde. Es gab schwarze und weiße, manche mit Goldlüsterflecken, einige trugen ein Halsband mit Schloß und Kette. Vorwiegend handelte es sich um Pudel und Möpse.

Der reichen Ausstattung des Haushalts der Schifferfamilien mit englischer Keramik stand diejenige mit Wäsche und Kleidung kaum nach. An Leinenzeug besaß die Frau des Hauses einen überreichen Schatz der selbstgesponnenen und blendendweiß gebleichten Wäsche. An vielen Sommertagen war sie dabei, am Hausbrunnen, auf der Rasenbleiche oder auch am Bodden selbst zu waschen und zu bleichen. An Sonn- und Feiertagen wurde gern das getragen, was der Mann von seinen Reisen mitbrachte. Dabei spielten die Kopftücher eine ganz besondere Rolle. Frauen wie Mädchen, sofern sie das Haus verließen, trugen ein buntes seidenes oder kattunenes Tuch so um den Kopf, daß es unter dem Kinn zugebunden wurde, während die zwei anderen Ecken über den Nacken lose herunterhingen. Bei Trauerfeiern legten die Seemannsfrauen schwarze Kleider und weiße Kopftücher an. Vielleicht lag ein Grund für das ständige Tragen von Kopftüchern in dem rauhen Klima an der Küste.

Die Beschreibung des Hauses wäre unvollständig, wollte man nicht auf die äußere Farbgebung eingehen. Das Haus war gewissermaßen innen und außen in Farbe eingehüllt. Das traf für den früheren Bau aus Fachwerk mit überstehendem Giebeldach ebenso zu wie später für die massiveren Häuser. Beim Fachwerkbau war der Holzverband schwarz geteert, und die Fächer der Wände waren rot, gelb oder weiß gestrichen. Der Haus und Garten umgebende Staketenzaun trug ebenfalls Farbe. Um die Lebensdauer seines Schiffes zu verlängern – Wind und Salzwasser griffen das Holz schnell an –, ließ der Kapitän auf und an seinem Fahrzeug mit Ölfarbe und Teer nicht sparen. Das gleiche Prinzip wandte er an Land für sein Haus an. Das Anstreichen wurde wie eine feierliche Handlung vollzogen, ohne Hast, bedächtig, sorgfältig jeder Pinselstrich ausgeführt. Fensterläden, Haustür, Rahmen – nichts wurde vergessen. Bisweilen entwickelten die Seeleute eine erstaunliche Phantasie, die sich insbesondere in der Farbgebung der Türen widerspiegelte. Jedes Haus hatte seine eigene, seine ganz besondere Tür. Viele waren mit Emblemen der Seefahrt geschmückt, trugen prachtvolle Klinken und Türklopfer. Das sogenannte Darßer Motiv, die dick aufgelegte, gelb gestrichene Sonne, findet man heute noch in Born, Prerow und Wieck. Auch Sterne, Lilien, Blüten und Blätter sind fein säuberlich geschnitzt und farblich vom Grundton

Gardinenleiste für ein Halbfenster aus der Zeit der Segelschiffahrt, von Frauen zu Hause angefertigt. Darß-Museum Prerow

der Türen abgesetzt. In die Fensterläden wurde eine kleine Lichtöffnung eingelassen, hin und wieder in Form von Runen oder des Halbmondes. Aus der erleuchteten Stube wies dem Heimkehrenden dieser Lichtschein den Weg. Im Morgengrauen wiederum fing die Lichtöffnung die Tageshelle ein. Bisweilen ist auch der Jahreslauf der Sonne, als Bogen geformt, in den Fenstern wiederzuerkennen. Mit der gleichen Sorgfalt widmete man sich der Anfertigung von Giebelbrettern, die die Formen eines Lebensbaumes, von Schwänen, Herzen, von durchlochten Rädern trugen. Schließlich sollen nicht jene Holzbänke vergessen werden, die einst vor jeder Tür eines Schifferhauses standen. Dort saßen die alten Fahrensleute am Sommerabend, dort kamen die Nachbarn zu einem Gespräch zusammen. In Form und Verzierung standen diese Bänke weder den Türen, Fenstern noch Giebelbrettern nach.

Alle handwerklichen Fertigkeiten dafür erlernte der Seemann frühzeitig an Bord.

Kunsthandwerk der Seeleute

Seemann sein bedeutete zur Zeit der Langreisen mit Segelschiffen, einen ganz beträchtlichen Teil seines Lebens auf einem sehr beschränkten Wohn- und Arbeitsplatz zu verbringen. Bei schlechtem Wetter gab es harte Arbeit und wenig Freizeit. Doch klarte der Himmel auf, dann hatte die Freiwache genug Zeit, sich mit Dingen zu beschäftigen, die Spaß machten, nützlich waren und Abwechslung boten. Das Buch spielte – bis auf die Bibel – im Bordleben noch keine Rolle. So besannen sich die Seeleute auf ihre handwerklichen Fähigkeiten. Da gab es Männer, die an Bord zeichneten oder malten, andere gravierten Bilder in Ebenholz, Knochen, Elfenbein und Walbarten. Sie fertigten Schränkchen, kleine Kästen, Bänke und Kleinmöbel an, bauten Näh- und Tabakkästchen, Mangelhölzer und Schreibkästen. Manchen Seemann sah man auch an einem ganz großen Werkstück, er schnitzte an einer Tür, die er seiner zukünftigen Frau als Geschenk mitzubringen gedachte. Holz gab es genug an Bord, und außerdem hatte der Fahrensmann die Möglichkeit, besondere Hölzer in fremden Häfen zu erwerben. Daraus wurde dann bisweilen die Seekiste angefertigt, neben der Koje das wichtigste Ausrüstungsstück, in dem alle Habseligkeiten, der ganze Reichtum, untergebracht waren. Häufig diente diese Kiste als Sitzgelegenheit. Spinde und Schränke gab es für den Matrosen nicht. Die Seekiste war stabil gebaut, denn sie hatte an Bord manchen Stoß zu ertragen. Oft waren die Seekisten farbig bemalt. Ein übergreifender Deckel mit zwei eisernen Scharnieren verschloß sie. Der Deckel der Seekiste erhielt einen

Überzug aus Segeltuch. Zwei Handgriffe aus Tauwerk an den schmalen Seiten ließen sich weit besser anfassen als später die angeschraubten eisernen Handgriffe. Die Taue für die Griffe waren kein gewöhnliches Tauwerk, sondern kunstvoll geknotet. Auch der Deckel an der Innenseite besaß einen besonderen Anstrich. Auf vielfach weißem Grund entstanden Ornamente, Blumen, Kränze, Flaggen und allerlei Symbole für Liebe, Glaube, Hoffnung sowie die Anfangsbuchstaben oder der ganze Name des Besitzers. So bildeten die Seekisten wahre Schmuckstücke in den sonst ärmlichen Logis.

Ein anderes Material neben dem Holz war das Tauwerk, das zu den unterschiedlichsten Beschäftigungen anregte. Aus Knoten, Stichen und Spleißungen entstanden schöne Figuren, die von den Seeleuten als Fancy-Arbeiten bezeichnet wurden (Fancy, die Bezeichnung für Phantasie, Grille, originelle Idee). Einem echten Zweck dienten die

Ergebnisse dieser Arbeit kaum, füllten aber die Mußestunden aus. Vielleicht wurden sie letztlich ein Spielzeug für die Kinder, diese Gebilde in Form eines Würfels, Balls, Zylinders oder einer Pyramide.

Mehr ließ sich schon mit den Flechtarbeiten anfangen, besonders mit den Matten, die in immer neuen Mustern unter den geschickten und dabei so verarbeiteten Händen der Männer entstanden. Eine andere Fertigkeit, die dem Seemann rasch von der Hand gehen mußte, war das Nähen. Beim Segelmacher lernte er, mit Nadel und Garn umzugehen, wenn es darum ging, Segel auszubessern oder neue anzufertigen. In der Freizeit nutzte er dann seine Fähigkeiten, um aus den Resten von Segeltuch Schuhe, Zeugsäcke, Hängematten und Overalls zu nähen, und aus den Schwimmhäuten von Seevögeln entstand manch ein Tabaksbeutel. Bei all diesen Arbeiten dachte der Seemann an die daheimgebliebene Familie, an sein Zuhause: Körbe, Decken, Vorhänge und Handtaschen wurden gern als Geschenke gesehen.

Zentrales Motiv allen seemännischen Kunsthandwerks – also der maritimen Volkskunst – war das Schiff; am bekanntesten davon wiederum das Buddelschiff. Wie es in die Flasche hineinkommt, ist allgemein bekannt, durch die einzige Öffnung, den Flaschenhals. Die Schwierigkeit ist nur, alle Teile für diesen Zweck richtig vorzubereiten. Der Rumpf, alle Rundhölzer, Beiboot usw. werden mit einem Messer geschnitzt und dann bemalt. Die Segel schneidet man aus dünnem Papier. Danach erfolgt der Zusammenbau des Schiffsrumpfes mit der Takelage, und zwar so, daß sich die Masten nach achtern niederlegen lassen. Dünnes Garn gibt das stehende Gut ab. Bevor jedoch das Schiff in die Flasche »einsegelt«, wird ihr Inneres gestaltet: mit farbigem Kitt und Ölfarbe. So entstehen Küstenlandschaften und hoher Seegang. Dann schiebt man das Schiff mit den niedergelegten Masten in die Flasche und drückt es in dem noch weichen Kitt an der richtigen Stelle fest. Zieht man nun an den dünnen Stagverlängerungen, so richten sich die Masten mit den Segeln auf. Überflüssige Garne werden mit einem heißen Draht abgebrannt. Dann wird die Flasche mit Korken und Siegellack verschlossen.

Der Wustrower Kapitän Julius Lüpcke hatte eine reiche Sammlung selbstgefertigter Buddelschiffe. Kunstfertig, mit Liebe gestaltet und vor allem mit Wissen. Und auf noch etwas kam es an, auf die Flasche. Unter 50 Flaschen fand er kaum zehn, die brauchbar waren, weil sie Beulen oder Blasen hatten und dann das Schiff nicht richtig erkennen ließen. Die kleinen Schiffe wurden weitgehend maßstabsgerecht gebaut. Für die Dreimastbark ORION fertigte Julius Lüpcke, der elfmal das Kap Hoorn umrundete, eine Skizze an, die genaue Angaben über Ruderhaus, Wanten, Pardunen und anderes enthielt.

Ein großer Meister im Bau von Modellschiffen war auch Kapitän Albert Kriemann aus Wustrow. Kurz nachdem er sein Schifferex-

amen bestanden hatte, war er in eine nur mit einer Persenning über-
deckte offene Ladeluke gestürzt. Dabei verletzte er sich so sehr, daß er
fortan seinen Beruf an Bord nicht mehr ausüben konnte. Er blieb in
seinem Heimatdorf und bastelte Schiffsmodelle. Ganze Flotten entstanden unter seinen Händen und gaben einen Einblick in die Schifffahrt im Wandel der Jahrtausende, vom Einbaum bis zum Ozeanrie-
sen. Leider ging diese umfangreiche und wertvolle Sammlung
verloren.

Eine Darstellungsweise anderer Art zeigen Seemannsbildnereien,
die die Bezeichnung Dioramabilder verdienen. Es sind Landschaftsbilder, deren Vordergrund plastische Elemente ausfüllen. Das Ganze
befindet sich in einem Holzkasten von fünf bis zwanzig Zentimetern
Tiefe. Nur die Vorderseite gibt durch eine Glasscheibe den Blick in
den Kasten frei. Aus dem letzten Drittel des vorigen Jahrhunderts
stammt das Bild mit dem Rahschoner ANNA UND ALMA aus Zingst.
Hauptgegenstand ist wie bei allen Bildern das Schiff, das als Halbmo-
dell ausgeführt ist. Dahinter befindet sich die Küstenlandschaft mit
einer Lotsenstation auf gemaltem Hintergrund. Das Schiff scheint
auf den plastisch geformten Wellen zu schwimmen.

Eine dritte Form von Schiffsmodellen sind die Votivschiffe in den
Kirchen. Beispiele dafür bietet die Kirche in Prerow, deren Kirchen-
buch bis in das Jahr 1589 zurückreicht. Da hängen die TEUTONIA, die
1850 in Zingst gebaut wurde, die GERMANIA, die Karl Bohn aus Wieck
in zehnjähriger Arbeit fertigstellte, und schließlich die PETER KRAEFT,
die der gleichnamige Schiffer aus Prerow schnitzte und 1780 aus London, wohin er in der Zwischenzeit ausgewandert war, in die Heimat
schickte. Über dem Eingang zur Kirche erzählt eine farbige Tafel, die
Christus über den Wellen schwebend zeigt, von einer großen Seenot.
Die Tafel wurde vom Vater eines bei Prerow ertrunkenen dänischen
Matrosen gestiftet. Die Motive der Stiftungen sind unterschiedlich.
Eines ist die Erinnerung an den Verstorbenen, ein anderes die Vor-
stellung, daß man mit dieser Gabe dem Schiff und der Mannschaft
Glück mit auf den unsicheren Weg geben könnte. Schließlich domi-
niert auch hin und wieder die Absicht des Spenders, sich selbst ein
den Tod überdauerndes Erinnerungsmal zu schaffen.

Sicher war das nicht die Absicht des Matrosen Johann Suhrbier
aus Bartelshagen I. Von ihm hängt seit 1861 in der ehemaligen Dorf-
kirche zu Wulfshagen das Schiffsmodell der Brigg SOPHIE S. Die immer wieder aufkommenden Meinungen, in den Modellen fänden sich
Unterlagen über den Erbauer des Kleinods, trafen in den meisten
Fällen nicht zu, erwiesen sich fast immer als unwahr. Bei diesem Modell aber war es anders. Johann Suhrbier hat in den Wintermonaten
der Jahre 1857 bis 1861 die Brigg nachgebaut, auf der er lange fuhr.
Diesem der Kirche übergebenen Geschenk fügte er ein kleines hand-

schriftliches Dokument bei. Darin ist zu lesen: »In meinem dreizehnten Jahre batt ich meine Eltern, mich doch dazu zu verhelfen, daß ich ein rechter Seemann würde, dieweil ich oft davon gehört habe, aber nichts davon gesehen habe. Meine Eltern redeten mich davon ab, weil ich noch nicht konfirmiert werde. Da hilft aber doch kein Abreden, und es gelang mir, daß ich dasselbe Jahr wegkam zur See. Das andere Jahr mußte ich aber zu Hause bleiben, dieweil ich konfirmiert werden mußte. Als Ich damit durch war, alsdann fing ich meine Seefahrt mit Gottes Hilfe und Beistand an und machte 22 Monathen, ehe ich meine Eltern wiedersah, und die Reise gefiel mir gut.« Suhrbier schildert, wie er nach vielen Gefahren immer wieder die Heimat erreichte. Auf einer Reise aber verlor er seinen jüngeren Bruder im Alter von sechzehn Jahren, der im Hafen von Bolderaja ertrank. In den Aufzeichnungen von Suhrbier ist zu lesen: »Der Capitän Mahs aus Wustrow, wo wir bey wohnten, hat ihn auch deshalb, weil Er ein guter Junge war, sehr feierlich in Riga begraben lassen.«

Bei dem Modell handelt es sich mit großer Wahrscheinlichkeit um die 1856 in Ribnitz gebaute Brigg THEODOR REIMERS, die 1885 auf der Fahrt von Schottland nach Danzig bei Hela strandete. Johann Suhrbier nannte das Modell nach dem Namen seiner Schwester Sophie S.

Johann Georg Friedrich Suhrbier lebte und wohnte während des Winterlagers im Katen seiner Eltern und ging diesen tüchtig zur Hand, ähnlich machten es andere Matrosen, sofern sie keine eigene Familie besaßen. Der Katen, nicht vergleichbar mit dem Schifferhaus, war ihr Daheim.

Der Matrosenkaten

Eine Stube, zwei Kammern und eine Küche waren meist die einzigen Räume in einem solchen Katen, der Flur eng und niedrig. In der Kellerkammer – dem Aufbewahrungsraum für Lebensmittel – konnte ein erwachsener Mensch kaum aufrecht stehen. Schuppen für Gartengeräte, für Brennholz und Geräte für die Fischerei sowie ein Anbau für Kuh und Schwein vervollständigten das Anwesen, in dem die ältere und die jüngere Generation gemeinsam wohnten. Eine Leiter führte auf den Boden, der mit Heu, alten Truhen und allerlei Gerümpel gefüllt war. In den Kammern hinter der Stube wurde geschlafen. Die Küche war der eigentliche Wohn- und Aufenthaltsort, und die Stube war die sogenannte Gute Stube, die im Winter zur Weihnachtszeit geheizt und bewohnt wurde, auch wenn Besuch kam oder wenn die Frauen Platz benötigten, um ihre Schneiderarbeiten zu beenden. In dieser Stube befand sich das Sofa, und wenn das Geld dafür nicht ausreichte, wurde es durch die Schifferbank ersetzt, eine schwer und wuchtig gebaute und mit verschiedenen Farben bemalte Holzbank. Zwischen den kleinen Fenstern prangte das Glanzstück, die Kommode, die Platz bot, eine Reihe von Mitbringseln aufzustellen. An einer übersichtlichen Stelle der Stube hing oft ein Schiffsbild. Teppiche oder irgendeinen anderen Fußbodenbelag gab es im Matrosenhaus nicht. Der Fußboden war weiß gescheuert und mit feinstem weißem Sand bestreut. Flur und Küche waren mit Steinen ausgelegt.

Dezember 1975, wir treten in ein ehemaliges Matrosenhaus in Prerow ein. Hildegard M. erzählt aus der Geschichte dieses Hauses, das ihr Großvater Wilhelm Reimer, 1861 geboren, 1896 selbst aus Holz erbaute. Nach der Hochzeit 1884 hatte der junge Seemann das Geld noch nicht zusammen, um sich ein eigenes Anwesen zu leisten. So fuhr er noch zwölf Jahre, ehe sein Wunsch in Erfüllung gehen konnte. Bis 1914 blieb er der Seefahrt treu. Mit 53 Jahren ging er für immer an Land. Auch der Vater von Hildegard M. fuhr als Matrose, machte weite Reisen bis nach China und Japan. Noch heute findet man in dem kleinen grüngestrichenen Hause, jetzt gemütlich und behaglich eingerichtet, etliche Mitbringsel, die sorgsam wie ein Familienschatz behütet und bewahrt werden. Da gibt es chinesische Löffel, innen bemalte Muscheln, Teller und Vasen (englische Keramik), Bilder eines Feuerschiffes (dort war der Vater bis 1926 beschäftigt) und als eine besondere Attraktion japanische Bilderalben mit Seidenmalerei und Perlmuttstickerei, Vögel, Blüten und Blätter darstellend. Und im Hause befindet sich auch noch der Segenstaler, den ein Junge meist auf die erste Reise mitbekam.

Schifferbälle und Jagden

Die großen Standesunterschiede zwischen Schiffern und Matrosen spiegelten sich vor allem im gesellschaftlichen Leben wider. Das wurde besonders bei den Bällen der Seeleute im Winter deutlich. Zum Wustrower Schifferball hatten selbst die Steuerleute keinen Zutritt. Das Fest der Schiffer war ein großes Ereignis. An diesem Ball nahmen neben den Schiffern mit ihren Familien auch die Hinterbliebenen von Schiffern teil. Alles warf sich in die prächtigste Kleidung, und einer versuchte den anderen zu übertrumpfen. Die Schifferfrauen in Seide und langer Schleppe, ihre Männer in langem Gehrock. Man tanzte Française und die schwedische Quadrille, die mecklenburgische Bauernquadrille, den Kegel. Ganz Wustrow stand in solchen Tagen im Zeichen des Balles, und vor allem die Töchter der Schiffer schwärmten von nichts anderem. Der Ball wurde eingeleitet durch eine mit größter Sorgfalt und ohne auf den Taler zu achten ausgewählte Speisen- und Getränkefolge. Nach Mitternacht gab es dann den kräftigen Punsch, und um drei Uhr in der Frühe reichte der Wirt Kaffee und frischen Platenkuchen.

Am folgenden Vormittag, wenn die Schiffer einander besuchten, um dieses oder jenes zu bereden, über Frachten, Fahrten und Parten zu sprechen, stellte die Gastgeberin trefflichen Schiedamer Käse, Anchovis und Kaviar auf den Tisch. Die Gläser wurden mit echtem Genever oder Madeira gefüllt.

Die Kapitäne brachten von ihren Reisen köstliche Dinge mit nach Hause. Delikatessen wie Kaffee in Säcken, Wein in Kisten. Es gab Tee, Schokolade, Zitronen, Rum in Fässern und vieles mehr.

Im Winter, wenn Mannschaft und Schiffer im heimatlichen Dorf weilten, gab es außer den Bällen auch eine Reihe anderer Ereignisse. Allerdings stand für das einfache Volk die Arbeit an erster Stelle. Die Schiffer machten Jagd auf wilde Gänse und Schwäne, und die Matrosen segelten oft auf dem Eis. Eissegeln galt als besonderes Vergnügen auf dem spiegelglatten, gefrorenen Bodden. Ein gewöhnliches Boot wurde auf breite Schlittenkufen gesetzt und vom Wind vorangetrieben. Je glatter die Kufen, je stärker der Wind, desto schneller das Boot – die Meile in sechs bis acht Minuten. Es gehörte eine sichere und ruhige Hand dazu, das Steuer und die Segel zu regieren.

Bei den jungen Leuten in Zingst kamen Mitte des 19. Jahrhunderts immer mehr die Maskenbälle und Tanzabende in Mode. Während des Faschings fand an jedem Sonnabend ein Maskenball statt, und zur Tanzmusik am Sonntagabend drehte sich die Jugend im Kreis. Hier tanzten die Mädchen in Holzpantinen, denn die guten Schuhe waren für das Vergnügen zu schade, und auch das beste Kleid blieb im Schrank hängen. Die Mädchen schmückten sich dafür u. a. mit einer hübschen Schürze. Die ledigen Seeleute flanierten durch das Dorf oder packten einen Kastenschlitten voller Kinder und zogen mit ihnen durch den Schnee.

Wer es sich leisten konnte, machte damals auch schon diese oder jene Modetorheiten mit, das waren beispielsweise die seidenen Regenschirme aus England, die eigentlich für die Frauen und Mädchen gedacht waren. Selbst Schiffer und Steuerleute trugen auf dem sonntäglichen Weg zur Kirche (auch bei hellem Sonnenschein) einen solchen Schirm. Der Hang zu ein wenig Putz war manchem Prerower nicht abzusprechen. Die Schiffer kleideten sich wie die Städter, junge Männer trugen blaue Matrosenjacken und rote Westen, beide zahlreich mit Knöpfen besetzt, und auf dem Kopf runde Hüte.

Von großen Schifferbällen, an denen die Kapitäne und Reeder aus Barth teilnahmen, ist auch in Zingst die Rede. 1870 gründeten die Schiffer die Ressource, die in ihren besten Jahren fast 100 Mitglieder hatte. Daneben bestand in Zingst eine seemännische Vereinigung, die ebenfalls in jedem Jahre ihre Wintervergnügungen feierte, am Vor-

*Arzneikiste im
19. Jahrhundert*

mittag mit einem Umzug durch das Dorf beginnend. Voran die Musikkapelle und die von einem stattlichen Seemann getragene Vereinsfahne. Er wurde von zwei jungen mit blauweißen Schärpen gekleideten Mädchen begleitet. Auch Schiffsmodelle führte man mit. Der Tag klang mit einem prächtigen Ball aus.

Für die Matrosen mit Familie war das Leben dagegen nicht so rosig, denn wenn sie im Herbst in die Heimat, ins Winterlager zurückkehrten, fehlte ihnen bisweilen ein beträchtlicher Teil der Heuer. Bei schlechten Ernten auf dem kleinen Stückchen Land oder beim Verlust von Vieh war die Familie gezwungen, den sogenannten Ziehschein zu beantragen. Daraufhin erhielt sie vom Reeder oder Kapitän im Monat die Hälfte der Heuer des Vaters sofort ausbezahlt. Das wiederum fehlte in den Wintermonaten. So kam es vor, daß in dem einen Hause französische und spanische Weine nach reichlichem Mahl getrunken wurden, während im Matrosenkaten am anderen Ende des Dorfes kaum das trockene Brot reichte, und die Kartoffel zu allen drei Mahlzeiten das Hauptgericht bildete.

Von dem kärglichen Rest der Heuer mußten zudem Anschaffungen für die nächste Fahrt im Frühjahr bezahlt werden. Die meisten Schiffer zwischen Barth und Ribnitz bestanden darauf, daß jedes Besatzungsmitglied dreimal neues und mindestens dreimal gebrauchtes Zeug an Ober- und Unterkleidung mitbrachte.

Reisebeginn im Frühjahr

Noch bevor die Jungen in Wustrow oder Born, in Dierhagen oder Wieck die Schule verließen, hatten sie sich bereits um ein Schiff gekümmert. Denn hier fragte keiner: Was willst du werden? Hier stand die Frage: Wer nimmt dich mit? Die Pastoren verlegten sogar die Konfirmation vor, damit es zur Zeit des Auslaufens im Frühjahr kein Warten gab. Ein Junge, der nicht zur See gehen wollte, wurde schief angesehen. Die Halbwüchsigen waren den Winter über manchen Tag unterwegs, klopften an die Tür eines Schiffers, baten um einen Platz auf seinem Schiff, der ihnen auch fast immer sicher war. Väter mit eigenem Schiff nahmen ihre Jungen meist selbst mit an Bord, damit sie den Beruf von Anfang an gründlich erlernten. Oft waren es die Mütter, die von der Seefahrt abrieten: »Ich habe genug um den Vater geweint, du bleibst an Land«. Das hat wohl mancher Junge öfter als einmal hören müssen, befolgt wurden dieser Wunsch, diese Bitte oder diese Forderung so gut wie nie. Die Mutter hatte sich dann damit abgefunden, packte eines Tages dem Jungen sein Zeug in die Seekiste und segnete ihn zum Abschied. Dann war der Vierzehnjährige in die große Gemeinschaft der Matrosen und Schiffsjungen eingeschlossen.

Es ist Frühjahr. Im Ribnitzer Moor blüht es. Der Kiebitz fliegt, der scharfe Ostwind treibt den Staub vor sich her. Für das Fischland gibt es noch keinen Anschluß an die Eisenbahn, die Verbindung zwischen Ribnitz und Rostock wird erst 1889 eröffnet. So ziehen schwerbeladene Wagen der Fischländer Bauern mit Fässern, Kisten und Säcken über das Land. An beiden Seiten der Wagen hat eine Reihe von Männern Platz genommen, gekleidet in Flauschjacke und blanken Wachstuchhut. Kaffee in Kruken wird herumgereicht, Speck und Schinken in dicken Scheiben abgeschnitten. Unterwegs stoßen ähnliche Züge aus Born und Wieck, aus Dändorf, Niehagen und Körkwitz zu ihnen. Das Ziel heißt in erster Linie Rostock, seltener geht es bis Wismar weiter.

Die Rostocker Flotte wird überwiegend durch Schiffer und Matrosen gefahren, die vom Fischland stammen. 1861 sind von den 335 Rostocker Kapitänen 219 – also etwa zwei Drittel – auf dem Fischland geboren. Im Vergleich dazu: 104 stammen aus Rostock und Warnemünde, drei aus dem übrigen Mecklenburg und neun aus Pommern. Ein ähnliches Bild ergibt sich bei der Musterung der Mannschaften im Jahre 1876: Von den 1271 gemusterten Matrosen kommen 544 vom Fischland, 418 aus Rostock/Warnemünde, 29 aus dem Binnenland, 27 sind Ausländer, der Rest stammt aus Pommern. Bei einer solchen Anzahl von Männern gibt es auf der Reise mit Pferd und Wagen, nach dem langen Wiedersehen mit anderen Kameraden, so manchen Spaß und Umtrunk, nachdem zuvor – so will es der Brauch – in den Dörfern ein zünftiger Abschiedsball gefeiert wurde. Unter den Liedern erklingt auch das alte Fischlandlied: »Hurra, dat Läben geiht nu an, de Strom geht up, Matrosen ran! Un fix un flink tau Buard. Dei Schippers hüern am leiwsten an von Fischländer Oard.«

Die Männer sind fort

In den Dörfern war es nun still geworden, der Tag mit Arbeit im Hause, auf dem kleinen Feld und im Garten angefüllt. Vielfach waren es Weißdornhecken, die das Haus und den Vorgarten umgaben, aufgelockert durch Flieder und Schneeball, Goldlack und Primel, Stiefmütterchen, Tausendschön, Tulpen und Akelei, die häufigsten Blumen, wurden sorgfältig gepflegt. Oft ging der Blick der Frau hinaus auf die See, wo in weiter Ferne der Mann oder der Sohn, vielleicht auch beide, unterwegs waren. Die Verbindung zwischen der Heimat und dem Schiff war abgerissen. Selten nur trafen Briefe ein. Eine sehr wichtige Informationsquelle waren die Schiffsnachrichten in den Zeitungen. Der »Stadt- und Landbote«, das u. a. in Ribnitz und auf dem Fischland erscheinende Lokalblatt, veröffentlichte jeweils an den Erscheinungstagen am Montag und Donnerstag derartige Mitteilungen. Die Ausgabe vom 29. November 1852 brachte dazu folgende Nachrichten, alle den Monat November betreffend:

»Angekommen: In Newport (17.): CHRISTIANE, Schiffer Möller; in Odessa (10.): AGNES, Rening; in Warnemünde (25.): FRIEDRICH LUDWIG, Voß, von Antwerpen; CHRISTINE, Dethlof, von Bordeaux; (26.): LEDA, Zeplien; GUSTAV CARL, Fretwurst, und VERTRAUEN, Mundt, alle von Kopenhagen; PANDORA, Galle, von Antwerpen; HERMANN, Niemann, von Amsterdam; CAROLINE AMALIE, Gerloff, von Sunderland; in Swinemünde (25.): MARIA WILHELMINE, Baltzer, von Peterhead; in Falmouth (20.): SIRENE, Bradhering, von Newcastle weiter nach Alexandrien; in Hull (22.): WILHELM VON FLOTOW, Kerfack, von Kronstadt; in Leith (23.): MAGDALENE, Dillwitz, von Rostock.

Abgegangen: Von Windau (17.): HANS, Pieplow, nach Grimsby; von Bolderaa (18.): MERKUR, Düwel, nach Helsingör; von Texel (21.): JOHANNES, Niemann, nach Newcastle; von Helvoet·(21.): VESTA, Möller, nach Newcastle; von Warnemünde (25.): FRIEDRICH FRANZ, Dade, nach London; NEPTUN, Niejahr, und BLÜCHER-FINKEN, Andreis, nach London; (26.): DIE TRAUBE, Lange, nach London; von Blie (21.): HARMONIE, Niemann, nach Rostock; von Antwerpen (23.): MARIA DOROTHEA, Galle, nach Rostock; von Gent (21.): TRITON, Rehberg, nach der See; von Cardiff (21.): CARL & EMMA, Holtz, nach Rio de Janeiro; von Liverpool (22.): FRIEDRICH FRANZ, Bülow, nach Malaga; von Shields (20.): THEODOR, Niejahr, nach Konstantinopel, ARCHIMEDES, Fret-

Bark »Anamba«. Museum Ribnitz-Damgarten

wurst, nach Alexandrien; von Hartlepool (20.): PIUS IX., Kasten, nach Cardiff; von Yarmouth (20.): DEO GLORIA, Niemann, nach Helsingör; von Cowes (24.): IHN & SOHN, Rebien, nach Konstantinopel; TRIDENT, Zeplien, nach Marseille; von Barcelona (16.): HEINRICH, Niemann, nach Odessa; von Hull (20.): IRIS, Zeplien, nach Sunderland.

Passirt: den Sund (21.): FRIEDRICH LUDWIG, Voß, von Antwerpen nach Rostock mit Dachsteinen; (23.) BELLONA, Ramm, von Antwerpen nach Rostock mit Zucker; CHRISTINE, Dethlof, von Bordeaux nach Rostock mit Wein; (24.): LICENCE, Niejahr, von Sunderland nach Rostock mit Kohlen.«

Zudem enthielten die auf dem Fischland vertriebenen Zeitungen häufig folgende und ähnliche Anzeigen: »Seekarten, Telescope, Nachtkieker, Rettungsringe, Signallaternen, Glocken, Schraper, Theerquaste, messingene und eiserne Cajüten- und Schiffsbeschläge bietet an …« oder auch »Schiffs-Journale empfiehlt ergebenst …«

In der Heimat wartete die Familie sehnsüchtig auf jede noch so kleine Nachricht, auf das geringste Lebenszeichen. Ein Brief aus Riga, Kopenhagen, London oder Amsterdam wurde als ein großes Geschenk angesehen. Diese Briefe enthielten bis auf Ausnahme nur wenige persönliche Mitteilungen. Meist waren es kurzgefaßte Berichte über den jeweiligen Zustand des Schiffes, über die Auftragslage, über Frachtabschlüsse, über den Reiseverlauf. Am 10. August 1856 wurde folgender Brief in Riga geschrieben (Auszüge): »Liebe Mutter! Ich mache Dir die Mitteilung, daß ich gestern abend mit meiner Bark hier glücklich angekommen bin. Ich schreibe glücklich, weil man immer so sagt und weil ich meinte, ich käme niemals hierher. Wenn es immer so gehen soll wie diese Reise, dann könnte ich den Mut verlieren. Wenn ich auf nördliche Winde segelte, so ging es südlich. Nach südlichem, so ging es nördlich, so daß ich mehrere Tage auf einer Stelle blieb, und bisweilen sogar noch etwas verspielte. Morgen suche ich die Herren Weisbach & Co. auf wegen der Charterpartie. Ich soll eine Ladung eichene Balken und fichtene Dielen nebst Deckslast und dem nötigen Stauholz nach Kopenhagen erhalten …«

Ein anderer Brief trägt das Datum vom 10. August 1857 und wurde in Milford/England geschrieben. Auszüge aus diesem Brief: »Das Laden ging rasch in Newport. Am 5ten 8ten lichtete ich sogleich die Anker und ging unter Segel, mußte aber wegen den so vielen vor Anker liegenden Schiffen wieder vor Anker gehen und des Tages Anbruch abwarten. 6ten 8ten morgens 7h ging ich wieder unter Segel, kam bis Lundy, wo der Lotse das Schiff verließ und der Wind plötzlich aus SW stark zu wehen anfing und zum heftigen Sturm anwuchs. Am 9ten entschloß ich mich auf Milford anzuhalten und im Hafen zu ankern und werde hier auf besseren Wind und Wetter warten.« Die Bark hatte Eisen in England geladen, und ihre Reiseziel hieß Südamerika.

Mitbringsel. Vase aus Indonesien. Museum Ribnitz-Damgarten

»Gott wird unser Beistand sein, und gebe er uns eine glückliche Reise, so daß ich Dir eine gute Ankunft in Buenos Ayres melden kann.« Der Briefweg von England in die Heimat war noch verhältnismäßig kurz, doch nun würde es Monate dauern, ehe die Familie die nächste Nachricht erhielt. Es wird schon alles gut gehen, dachten die Frauen, die am Meer aufgewachsen waren und die Gefahren auf See kannten. Zur Sicherheit gaben sie ihren Männern häufig einen kleinen goldenen oder silbernen Ring, der im rechten Ohr getragen wurde. Er sollte Glück bringen und die Augen scharf machen, damit Untiefen, gefährliche Riffe und Klippen sicher passiert werden konnten.

Wenn zufällig ein Schiff sich der heimatlichen Küste näherte, die Reiseroute daran vorbeiführte, wurde nicht selten der Anker geworfen. Die Mannschaft nutzte den kurzen Aufenthalt, ruderte an Land, besuchte die Familien, nahm sie sogar gelegentlich mit an Bord, um ihnen das Schiff zu zeigen, dessen Heimathafen die Stadt Rostock war.

Es war daher nichts Ungewöhnliches, als am 12. Mai 1867 das Schiff des Kapitäns Weidemann aus Zingst auf Reede die Anker fallen ließ. Der Schiffer war mit einem Teil der Besatzung an Land gegangen und ließ bei schönem, sonnigem Wetter seinen 19jährigen Sohn an Bord zurück. Die Vertretung des Kapitäns hatte der Steuermann Kräft übernommen. Die Mutter des Steuermanns und die Schwester des jungen Matrosen ließen sich über die ruhige See zum Schiff bringen und wurden mit großer Freude aufgenommen. Doch bald darauf blickte Kräft besorgt nach dem Wetter. Die Möwen jagten landeinwärts, das Barometer war stark gefallen. Der Himmel färbte sich schwarz, Wolken verdeckten die Sonne, die Luft wurde dick und grau. Ein Zurückbringen der Frauen war unmöglich geworden. Plötzlich brach der Sturm los, schleuderte mitten im Mai Schneemassen auf das Schiff, so daß es vom Strande aus kaum noch zu sehen war. Der Sturm wuchs zu einem Orkan an. Auf den Dünen standen die Zingster und bangten, die Ankertrossen könnten brechen. Man brachte ein Rettungsboot zu Wasser, keiner achtete auf das eigene Leben. Doch alle Versuche, vom Ufer fortzukommen, mißlangen. Das Schiff hatte sich mittlerweile losgerissen und war ein Spielball der See geworden. Beide Seeleute und beide Frauen konnten später nur noch als Tote geborgen werden. Sie fanden ihre letzte Ruhestätte auf dem Zingster Friedhof.

Viele Grabstellen und Kreuze auf den Friedhöfen dieses Gebietes weisen mit ihren Inschriften auf die seefahrende Bevölkerung hin. So zeugt ein mächtiger Findling mit Kette und Anker eines gestrandeten Schiffes von der hier bestatteten Mannschaft des Stralsunder Rahschoners MINNA, der vor Darßer Ort an den Strand geworfen wurde.

Wenig Abwechslung gab es in den langen Monaten des Alleinseins. Zu abgeschieden war dieser Landstrich. So sahen die Daheimgebliebenen dem Schützenfest in Wustrow mit großer Freude entgegen. Zuschauer und Teilnehmer kamen aus vielen umliegenden Orten. So mancher alte Fahrensmann stellte seine immer noch ruhige Hand und sein gutes Auge beim Schützenfest unter Beweis. Konditoreien aus Ribnitz hatten ihre Stände aufgeschlagen, da gab es das Strandkarussell, Roulette und Würfelstand, Musikkapellen, Verkaufsbuden mit Kinderspielzeug, Spickaal, Datteln, Feigen und Himbeerwasser. Auf diesem Jahrmarkt am Ende des vorigen Jahrhunderts sorgten die vorher groß angekündigten drei »Wunder« für Aufsehen. Dabei handelte es sich um einen ärztlich empfohlenen Lungenprüfer, um eine Elektrisiermaschine und um Cartesianische Teufelchen.

Aber schnell war das Fest vorüber, und der Alltag hielt wieder seinen Einzug. Es galt zu arbeiten und zu sparen, denn der Verdienst eines Matrosen hielt sich in Grenzen.

Durchschnittliche Heuersätze für mecklenburgische Matrosen pro Monat

1827/28	9 Taler, 32 Schillinge	(29 Mark)
1830/32	10 Taler, 33 Schillinge	(32,06 Mark)
1833/36	9 Taler, 32 Schillinge	(29 Mark)
1837/40	11 Taler, 18 Schillinge	(34,13 Mark)
1841/43	10 Taler, 7 Schillinge	(30,44 Mark)
1844/45	9 Taler, 37 Schillinge	(29,31 Mark)
1859		30 Mark
1862/64		37,50 Mark
1873		49 Mark
1874		58 Mark
1876		53,50 Mark
1880		36,75 Mark
1882		39 Mark
1885		40 Mark
1890		48 Mark
1892		50 Mark

Außer der Heuer erhielt die Besatzung freie Beköstigung. Selbstverpflegung gab es nicht.

Die Matrosenheuer unterlag auch innerhalb eines Jahres noch beträchtlichen Schwankungen. Das trifft besonders für 1876 zu: Februar/März 48 Mark, bis April 51 Mark, von Mai bis Jahresende 54 Mark im Monat.

Die Preise betrugen 1872 für ein Pfund Fleisch 25 bis 30 Pfennige, für ein Pfund Butter 60 bis 70 Pfennige, ein halber Liter Bier kostete 10 Pfennige, für ein Paar Stiefel mußte man etwa 5 Mark bezahlen, für ein Pfund Bohnenkaffee 90 Pfennige, für ein Huhn 1,25 Mark.

Die alte Währung Schilling war zu dieser Zeit schon außer Kraft gesetzt. Die letzten Schillinge wurden in Mecklenburg 1866 geprägt.

Es gab Doppelschillinge, 4-, 8-, und 12-Schilling-Stücke. Ihr Silbergehalt wechselte des öfteren. Ein Taler betrug 48 Schillinge = 576 Pfennige.

Im Vergleich zu der Heuer der Matrosen lag das Einkommen der Tagelöhner und Landarbeiter bedeutend niedriger, bedingt durch die katastrophalen sozialen Verhältnisse im Land. Von 1850 bis 1908 wanderten aus dem damaligen Mecklenburg-Schwerin 115 159 Menschen aus. Allein 1857 waren es 6373, und nicht wenige von ihnen fuhren mit einem Kapitän aus Wustrow oder Dierhagen von Hamburg, selten von Rostock aus, in die Vereinigten Staaten von Amerika. Passageplätze auf Barken und Vollschiffen waren gesucht. Das Ziel hieß New York und New Orleans, Baltimore und Wisconsin, Galveston und Philadelphia. Manche erreichten ihr Ziel nicht und blieben nach einer Schiffskatastrophe für immer verschollen.

Seenot

»Vor dem unterzeichneten Seemannsamt, Kaiserlich Deutsches Vice-Consulat zu Wilmington N.C. erschien heute Herman Adolph Hinrichsen aus Barth, Führer des Deutschen Schoners ADOLPH, Heimathafen Barth, Unterscheidungssignal J.N.D.D. und Heinrich Theodor Fahrbrodt aus Zingst, Steuermann des genannten Schoners ADOLPH und machten folgende Anzeige: ...« So beginnt das Protokoll über einen äußerst seltenen Bordunfall im Jahr 1874. »Am 1.Januar 1874, abends 8.00 Uhr, ankerten wir auf Reede. Das Schiff bekam dabei Grundberührung, der Schoner schlug leck. In zwölf Stunden stand das Wasser zwei Fuß hoch.« Alle Männer mußten an die Pumpen, und der Kapitän selbst setzte an Land über, bestellte ein Dampfboot, das den Schoner, nachdem ein Teil des Ballastes gelöscht und das Leck abgedichtet war, in den Hafen schleppte. Die Mannschaft ging in ihr Logis auf dem Vorschiff, aß Abendbrot und kontrollierte gemeinsam mit dem Kapitän das Schiff.

Die Seeleute waren nach den anstrengenden Stunden rechtschaffen müde, und der Kapitän ordnete an, daß eine Wache unnötig sei. Glücklich legten sich die Männer in ihre Kojen. Als am nächsten Morgen der Steuermann zum Logis ging, wunderte er sich, daß das Frühstück noch nicht zubereitet war. Alles war still, und auch auf Anruf erhielt der Steuermann keine Antwort. Heinrich Theodor Fahrbrodt zündete eine Lampe an und fand einige Matrosen bereits tot, die anderen dem Tode nahe. Er benachrichtigte sofort Kapitän Hinrichsen, und für einen Augenblick standen die beiden Männer angesichts dieses furchtbaren Ereignisses ratlos. Dann aber holten sie rasch Hilfe von anderen im Hafen liegenden Schiffen. Erste Hilfe, Mund-zu-Mund-Beatmung, Massagen – alles Mögliche versuchten die Seeleute, um ihre verunglückten Kameraden zu retten. Bald darauf befanden sich auch vier Ärzte von Hospitälern der Stadt an Bord der ADOLPH. Doch auch sie schöpften nur noch wenig Hoffnung, und in den 24 Stunden, in denen sie an Bord weilten, veränderte sich die Lage nicht. »Die toten Körper der Matrosen Wilhelm Nicolaus Schütt aus Zingst, des Jungmannes Carl Friedrich Theodor Kellermann aus Barth und des Kochs Friedrich Hermann Christian Holz aus Barth wurden in die Seemannskirche gebracht«, so sagten der Kapitän und sein Steuermann vor dem Konsulat aus. Die Beerdigung

Friedhof in Prerow

Seemannskirche in Prerow von innen

fand am 4. Januar 1874 statt, eine große Anzahl von Seeleuten begleitete die Särge und hörte dann die Predigt in der Deutsch-Lutheri-
schen Kirche. Zwei weitere Matrosen starben am 4. und 5. Januar.

Die Ursache des Todes der fünf Seeleute war Erstickung durch
Gas. Wie konnte es dazu kommen? Das Logis war auf dem Deck,
gleich daneben befand sich die Kombüse. Beide Holzhäuser waren
durch eine dicke und stabile Bretterwand getrennt. Um es aber im Logis warm zu halten – immerhin war es Januar –, sägten die Leute
ohne Wissen und gegen den Willen des Kapitäns Bretter aus der
Trennwand. Wahrscheinlich hatte der Koch am Abend noch einmal
ordentlich nachgelegt, und die Untersuchungsbehörden vermuteten,
daß mit dem Drehen des Windes in der Nacht die Gase nicht durch
das Ofenrohr ins Freie gelangen konnten, sondern in Kombüse und
Logis zurückgedrängt wurden. Die beiden Offiziere waren die einzigen Überlebenden auf dem Schoner.

Unglücksfälle auf See gab und gibt es zu allen Zeiten, und auch
viele Fahrensleute aus Ribnitz, Wustrow, Prerow und Zingst fanden
auf See den Tod. Mancher Seemann kam ums Leben, weil sein Schiff
strandete. Das geschah nicht selten vor Darßer Ort, einem der mar-
kantesten Punkte an der Ostseeküste. Die von Süden kommende und
in nordöstlicher Richtung verlaufende Küstenlinie macht hier einen
Sprung um etwa 60 Grad und geht in östlicher Richtung vorbei an
Prerow und Zingst genau auf die Südspitze der Insel Hiddensee zu.
Darßer Ort begrenzt auch zusammen mit Gedser Odde auf der dänischen Insel Falster den Schiffahrtsweg, der aus der westlichen in die
mittlere und östliche Ostsee führt und schon jahrhundertelang stark
befahren wird. Bei gutem Wetter bereitete es den Schiffen nie beson-

dere Schwierigkeiten, Darßer Ort zu passieren, hatte man doch schon frühzeitig auf deutscher wie auf dänischer Seite weittragende Leuchtfeuer errichtet, die den Schiffen aller Nationen als feste Orientierungspunkte den Weg wiesen. War die Sicht schlecht, bedingt durch Nebel, Regen oder Schneefall, kam es vor Darßer Ort immer wieder durch Stromversetzung und Fehler in der Navigation zu gefährlichen Annäherungen an die Küste. Auch das Ankämpfen gegen Sturm und Wind brachte besonders die unter Segel fahrenden Schiffe in unmittelbare Landnähe und ließ sie oft auf vorgelagerten Riffen oder direkt an der Küste stranden. Die Schiffbruchsstatistik des Deutschen Reiches aus dem Jahre 1909 weist für den Bereich Darßer Ort bis Bukspitze 105 Fälle von Schiffsstrandungen für den Zeitraum 1898 bis 1907 aus. Auch die Statistiken früherer Jahre, die oft in den Kirchenbüchern der einzelnen Küstenorte zu finden sind, sehen nicht viel günstiger aus.

Strandung vor Dierhagen

Verheißungsvoll war der Name des Schiffes: GLÜCKLICHE WIEDERKEHR. Der Wunsch des Schiffers, den er mit der Namensgebung ausgedrückt hatte, sollte jedoch nicht in Erfüllung gehen. Es war im April 1793. Nach langem Winterlager hatte das Schiff im Hafen von Anklam wieder die Segel gesetzt. Die schmucke Galeasse lag gut im Wind. Schiffer Friedrich Täschner kannte die Route nach Hamburg, denn schon mehrmals war die GLÜCKLICHE WIEDERKEHR auf diesem »Törn« gewesen. Meist wurde Korn gefahren, und so war es auch diesmal. Für den Schiffsjungen Johann Rieck war es die erste Seereise, und er konnte die Zeit kaum erwarten, bis das Schiff den Hafen verlassen hatte. Mit 50 Lasten Roggen an Bord lief man aus. Alles ging gut bis Darßer Ort. Hier bescherte der April einen Weststurm, wie ihn Schiffer Täschner wohl noch nicht erlebt hatte. Schneeböen nahmen jede Sicht, und so wurde die GLÜCKLICHE WIEDERKEHR wie so manches Schiff vorher und nachher an die Küste des Fischlandes getrieben. Kurz vor Dierhagen lief sie auf. In den Morgenstunden des 20. April bemerkten der Strandvogt Voß und Schulze Jahn das Wrack, nicht mehr als etwa 300 Meter vom Strande entfernt. Sie sahen drei Männer und hörten auch deren Hilferufe. Ein Seemann hing im Besanmast. Die Dierhäger, viele von ihnen waren selbst mutige Seeleute, setzten alles daran, um mit einem Boot die Galeasse zu erreichen. Doch vergebens, durch die Brandung war kein Durchkommen. Bis zum Abend konnte die Besatzung noch Hoffnung schöpfen, denn immer wieder wurden neue Versuche zu ihrer Rettung unternommen. Sie alle schlugen fehl. Am Abend schließlich spülte hochgehende See die Mannschaft der GLÜCKLICHEN WIEDERKEHR über Bord. Sie blieb verschollen. An den Strand wurde nur das Schiffsgut getrieben: Kisten, Säcke, das Steuerrad, eine Tonne.

Glück im Unglück

Nicht alle Seeleute, deren Schiffe in der Nähe von Darßer Ort strandeten, kamen ums Leben. Wurden sie gerettet oder gelang ihnen dies aus eigener Kraft, so hatte der Kapitän im nächsten Bestimmungshafen eine Verklarung abzulegen. Grundlage bildeten die Eintragungen im Schiffstagebuch über den Hergang des Unglücks.

Vor dem Großherzoglichen Postexpediteur zu Wustrow erschien am 18. September 1859 der schwedische Kapitän P. Petersen, Schiffsführer der PELICAN, um die gesetzliche Verklarung abzugeben. Er gab dabei folgendes zu Protokoll:

»Ich, Schiffer, heiße Peter Petersen, bin 40 Jahre alt, wohnhaft in Berkwoll, segelte mit meinem Schiffe den 4ten September 1859 morgens in See. Mein Kurs war Südsüdwest, klares Wetter. Am 5ten kam stürmische See auf, wir mußten umkehren und ankerten wieder im

Seemannskirche in Prerow

Hafen von Berkwoll. Allda brachten wir wegen contrairen Windes vier Tage zu. Den 10ten morgens gingen wir wieder in See und steuerten Südsüdwest. Den 11ten kam erneut Sturm auf. Wir sahen uns wieder genötigt umzukehren und erneut bei Berkwoll zu ankern. Den 15ten des morgens gingen wir wieder in See. Am nächsten Tag passierten wir Bornholm. Der Wind war stürmisch und wurde von Regenböen begleitet. Er nahm im Laufe des Tages zu, so daß wir beinahe keine Segel mehr führen konnten. Das Schiff schlenkerte und arbeitete so stark, daß es anfing, leck zu werden. Wir sahen uns genötigt, die Decklast über Bord zu werfen. Wir verloren unseren großen Baum, auch das Staff Fock riß der Wind weg, so daß wir gar keine Segel mehr hatten. Trieben so bei Darßer Ort vorbei, am 17ten September des morgens mit einem harten NO-Sturm. Unser Schiff war voll Wasser. In zwei Tagen hatten wir keine Zeit gehabt der hohen See halber uns Essen kochen zu können. Wir trieben so längs der Küste von Wustrow auf 4 bis 5 Faden Wasser, eine Viertel Meile vom Lande. Das schwedische Dampfboot Schwert, von Stockholm nach Lübeck bestimmt, wollte uns abbergen vom Wrack, mein Wunsch ging aber dahin, mein Schiff und Ladung noch zu bergen, obgleich die See von allen Seiten über brach. Ich ließ des 17ten mittags meine beiden Anker auf 5 Faden Wasser auf den Grund fallen. Sahen uns dann genötigt, wenn wir nicht vor Hunger, Durst und Kälte umkommen wollten, wenn es möglich wäre mit unserem eigenen Boot uns das Leben zu retten und zu sehen, ob keine Hilfe wir fänden, um mein Schiff wieder leer zu pumpen und in Ordnung zu bringen. Mit viel Mühe erreichten wir abends ganz erschöpft das Land. Der Sturm, mit Regen begleitet, war so stark, daß das Schiff mit seinen beiden Ankern soeben fort trieb.«

Der Postexpediteur D. Brathering und junge Navigationsschüler hatten nichts unversucht gelassen, um von Land aus mit dem Rettungsboot hinauszugehen. Da ihnen das Rettungsboot verweigert wurde und es keine anderen großen Boote gab, war keine Hilfe möglich, man mußte das Schiff treiben lassen. Am anderen Morgen, es war der 18. September und an der Küste vor Wustrow herrschte schönes Wetter, war von der schwedischen PELICAN nichts mehr zu sehen.

Das Leben eingesetzt

Fast immer, wenn ein Schiff strandet, wird versucht, von Land aus den Schiffbrüchigen zu helfen. Viele der mutigen Helfer mußten dabei aber selbst ihr Leben lassen. Am 8. Januar 1830 saß zwischen Prerow und Zingst ein Schiff im Eis fest. Prerower Einwohner, etwa 80 Männer, unter ihnen viele erfahrene Seeleute, zogen am Tag darauf unter

Leitung des Dorfschulzen Peters in der Frühe zum Strand, um bei günstiger Witterung und einigermaßen sicherem Eis das zwei Meilen von der Küste entfernt liegende Schiff und die Mannschaft zu retten. Auf einem Schlitten wurde sogar ein Boot mitgeführt, es mußte später aber zurückgelassen werden, da ein Fortbringen auf dem zerklüfteten Eis unmöglich war. In einer langen Kette zogen die Männer über das Eis. Während die Vorhut bereits voraus war, bemerkte ein Teil der zurückgebliebenen, wie sich die kompakte Eismasse plötzlich in Bewegung setzte. Ein Spalt tat sich auf, 20 Prerower waren vom Festland abgeschnitten. Bis auf fünf Seeleute konnten sich alle retten, die fünf aber trieben immer weiter hinaus. Zum Glück hielt die gewaltige Eisscholle genau Kurs auf das im Eis festsitzende Schiff. Von hier kamen zwei Matrosen den Prerowern entgegen und brachten sie sicher an Bord. Doch ihr Aufenthalt war nicht von langer Dauer. Die Seeleute, alle jung und kräftig, unternehmungslustig und vielleicht auch ein wenig waghalsig, wollten auf jeden Fall an Land zurück. Sie würden den Weg über das Eis schon finden … Es war drei Uhr nachmittags. Das Wetter wurde leicht diesig, dann fiel dichter Schnee. Vom Schiff aus war bald niemand mehr zu erblicken. Tags darauf sah man auch von Land aus kein Schiff mehr.

Sextant mit Kiste. Darß-Museum Prerow

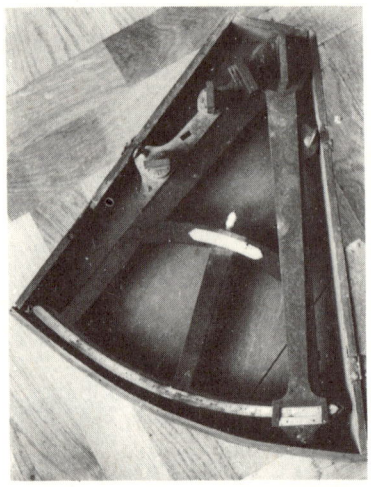

Oktant. Darß-Museum Prerow

Oktant von Joachim Jakob Scharnberg, geschlossen. Darß-Museum Prerow

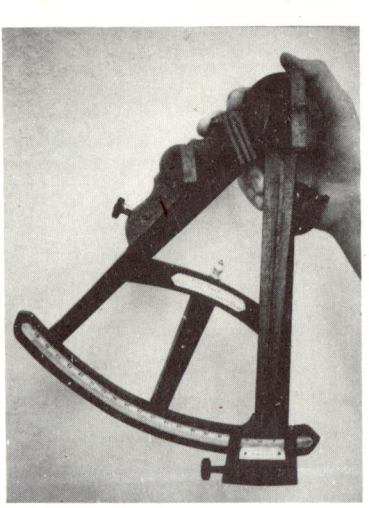

Oktant von Joachim Jakob Scharnberg (1838). Darß-Museum Prerow

Kapitän Paul Hansen

Der Chronist aus dieser Zeit bemerkt zu den fünf: »Die so ehren-werthen Namen dieser ebenso kühnen als wackeren Leute sind fol-gende: 1) Jacob Hermann Christoph Steinort, 27 Jahre alt, einziger Sohn und Ernährer einer alten Witwe; 2) Carl Christoph Jung, 24 Jahre alt, Unterstützer armer Eltern; 3) Hans Joachim Christoph Haut, 25 Jahre alt; 4) Christoph Dohrn, 22 Jahre alt, und 5) Johann Joachim Dohrn, 20 Jahre alt, beide Söhne eines alten schwachen Va-ters.«

Bis zum 31. Januar galten die Männer als verloren und wurden von ihren Familien betrauert. Doch dann traf ein Brief ein. Steinort, Jung und der jüngere Dohrn meldeten sich aus Nyborg auf Fühnen in Dä-nemark. In dem Schreiben berichteten sie, wie sie alle glücklich das Schiff erreicht hatten und dann am Nachmittag nach Prerow zurück-kehren wollten. In dem dichten Schneetreiben aber gerieten sie auseinander. Nach langem Herumirren fanden die drei erneut das Schiff, das sich jedoch immer weiter von der Küste entfernte und bis zum 20. Januar einen schweren Kampf gegen das Eis zu bestehen hatte. Endlich kamen sie in den großen Belt, doch erneut legte der Frost Hindernisse in den Weg, und eine halbe Meile von Nyborg entfernt lag das Schiff unter Kapitän Jentzen wiederum fest. Die drei Prerower Männer sowie drei Passagiere machten sich gemeinsam auf den Weg nach Nyborg, das sie auch glücklich erreichten. Hans Joachim Christoph Haut und Christoph Dohrn aber blieben verschollen.

Übrigens waren nicht nur Männer aus Prerow dem eingeschlossenen Schiff zu Hilfe geeilt. Auch Männer aus Zingst hatten sich weit hinaus aufs Eis gewagt. Sie mußten aber, als sie einen der Ihren unter Lebensgefahr gerettet hatten, unverrichteter Dinge zurückkehren.

Rettungsstationen entstehen

Die unzureichenden Rettungsmittel an einer Küste, an der immer wieder viele Schiffe strandeten, riefen beim seefahrenden Volk schon in den zwanziger Jahren des vergangenen Jahrhunderts scharfe Kritik hervor. Gleichzeitig häuften sich auch Forderungen nach Unterstützung der Hinterbliebenen der auf See Verunglückten. Im Jahr 1827 erhielt der Magistrat in Barth ein Schreiben von der Regierung in Stralsund, in dem u. a. von einem Rettungsapparat die Rede ist. Dieser Apparat war von dem englischen Hauptmann Manby entwickelt worden. Manby hatte 1807 mit ansehen müssen, wie vor Yarmouth, nur 60 Meter vom Strand entfernt, die Brigg SNIPE unterging, ohne daß auch nur ein Mitglied der Besatzung gerettet werden konnte. Dem Schreiben an den Barther Magistrat war eine Aufstellung von englischen, walisischen, schottischen und irischen Rettungsstationen beigefügt, die mit Erfolg den Apparat von Hauptmann Manby eingesetzt hatten.

Was war das Neue dieses Apparates, der erstmals 1808 in Yarmouth angewendet wurde? Man nannte es das »Abschießen einer Bombe mit befestigter Leine nach dem Wrack«. Manby hatte einen Mörser entwickelt und erfolgreich erprobt, mit dem es möglich war, eine Kugel mit daran befestigter Leine über ein gestrandetes Schiff zu feuern. Auf diese Weise konnte eine stabile Verbindung zwischen Land und Schiff geschaffen werden. An der Leine wurde ein dickes Tau zum Havaristen herübergezogen. An diesem Tau konnte sich dann die Mannschaft mit Hilfe eines Blocks und einer daran angestroppten Hängematte, die mit Kork ausgefüttert wurde, in Sicherheit bringen. Der eiserne Mörser, auf eine Grundplatte aufgegossen, schoß die 38 Millimeter dicke Leine 230 Meter weit. Befand sich das

Schiff aber zu weit vom Strande entfernt, so wurde vorgeschlagen, von Bord aus ein möglichst großes und leeres Faß – mit einer Leine verbunden – ins Wasser zu werfen. Daß Faß trieb auf den Strand zu, und es bestand die Möglichkeit, mit Hilfe des Mörsers eine Leine zum Faß hinüberzuschießen, die sich an ihm verfing und somit an Bord gezogen werden konnte.

Es vergingen noch viele Jahre, bis auch an der deutschen Ostseeküste die Leinenmörser des Hauptmann Manby zum Einsatz kamen. Erst 1861 wurde nach sorgfältiger Prüfung von der königlichen preußischen Regierung zu Stralsund der Auftrag erteilt, Göhren, Hülsenkrug, Glowe, Hiddensee, Darßer Ort und Zingst mit den Manbyschen Rettungsapparaten zu versehen. 1865 erfolgte die Gründung des Vereins von Rettungsanstalten für Schiffbrüchige im Regierungsbezirk Stralsund mit dem Hinweis darauf, daß durch die Rettungsapparate an den englischen Küsten bis 1864 14 266 Menschen gerettet wurden, im Jahre 1864 selbst 432. Dagegen strandeten allein an den betreffenden deutschen Küsten zwischen 1857 und 1864 insgesamt 69 Schiffe. Es lohnte sich also, schnell zu handeln, wollte man die große Zahl der Opfer an Seeleuten verringern.

Die Kosten für eine Station betrugen 1200 Taler, der jährliche Unterhalt 200 Taler.

Auch an anderen europäischen Küsten wirkte sich das englische Vorbild immer stärker aus. 1867 gab die königliche Verwaltung des schwedischen Seewesens ein Blatt heraus, in dem 13 Rettungsstationen genau beschrieben waren.

Doch nicht nur an Land kam es darauf an, diese Stationen zu errichten. Es galt in gleichem Maße, die Seeleute an Bord mit den Apparaten und auch anderen Rettungsmöglichkeiten vertraut zu machen. So erhielten die Barther Schiffer und Reeder, je nach Anzahl der ihnen gehörenden Schiffe, übersichtliche Zinktafeln mit den entsprechenden Hinweisen und Anweisungen, so daß jedes Besatzungsmitglied sich für den Notfall orientieren konnte. Deshalb war es Pflicht, die Zinktafeln an gut sichtbarer Stelle an Bord anzubringen. 1875 empfing die Reederei J. J. Wallis & Sohn in Barth 35 derartige Tafeln.

1876 veröffentlichte die Deutsche Gesellschaft zur Rettung Schiffbrüchiger eine umfangreiche Broschüre, die sich unter anderem sehr intensiv mit Rettungsgeräten, der Handhabung offener Boote bei schwerer See, der Bedienung eines Raketenapparates, der Rettung von Ertrinkenden, der Konstruktion von Notrudern, dem Bau von Flößen und der Bekämpfung von Feuer im Schiff befaßte.

Im Juli 1876 gab es an den deutschen Küsten der Nord- und Ostsee 84 Rettungsstationen, darunter die Stationen in Wustrow, Darßer Ort, Prerow und Zingst. Sie waren folgendermaßen ausgerüstet: Wustrow: Ein Schuppen an der Westseite des Ortes sowie einer an der

Düne. In jedem Schuppen stand ein hölzernes Ruderboot. Es gab einen Mörser und einen Raketenapparat. Darßer Ort: Schuppen neben dem Leuchtturm mit Ruderboot, Mörser und Raketenapparat. Prerow: Schuppen am Strand, eisernes Boot, Raketenapparat. Zingst: Schuppen hinter dem Deich, eisernes Boot, Raketenapparat.

Die Spandauer Leinenrakete war im Auftrag der Deutschen Gesellschaft zur Rettung Schiffbrüchiger entwickelt worden. Sie wurde von 1870 bis in die fünfziger Jahre unseres Jahrhunderts eingesetzt und war gegenüber den schweren Leinenmörsern – der Mörser wog rund 2,5 Zentner und wurde mittels Tragstöcken von zwei Mann transportiert – von der Seenotmannschaft leicht zu handhaben. Da es sich um eine zweistufige Rakete handelte, war ihr Abreißen beim Schuß, wie es oft bei Leinenmörsern geschah, nicht zu befürchten. Das klassische Einsatzgebiet für die Leinenraketen sind kurze Strände und felsige Küsten, wie bei Wustrow, wo oft nur Leinenrettungen möglich sind. Die Spandauer Leinenrakete wurde von einem Dreipunktschießgestell gestartet. An der daran befestigten Leine konnte sich die Rettungsbootbesatzung mit ihrem Boot durch die gefährliche Brandung ziehen.

Vorwiegend durch Einsatz von 62 Raketenapparaten konnten die deutschen Seenotstationen im Bereich der Ostseeküste von 1865 bis 1900 über 1000 Schiffbrüchige retten. Für den Zeitraum zwischen 1865 und 1884 waren daran die Seenotstationen Wustrow mit 14, Prerow mit 41 und Zingst mit 11 geretteten Schiffbrüchigen beteiligt.

Die Epoche der Ruderrettungsboote an der deutschen Küste reichte von 1865 bis 1915. In dieser Zeit wurden neben Raketenstationen ausschließlich für den Seenotrettungsdienst konstruierte Rettungsboote verwendet. Neben großer Stabilität und Unsinkbarkeit im Fall des Vollschlagens mußten sie vorn und achtern spitz zulaufend gebaut sein, um der Brandung geringen Widerstand entgegenzusetzen. Dadurch war es möglich, daß die Boote, ohne eine gefährliche Wendung auf See machen zu müssen, an Land zurückkehren konnten. Um auch an Sandbänken operieren zu können, wurde der Tiefgang so gering wie möglich gehalten. Auf Slipwagen, die durch Pferde gezogen wurden, brachte man das Boot an den Strand und ließ es zusammen mit der Besatzung zu Wasser. Für den Transport der Ruderrettungsboote und des Raketenmaterials der Seenotmannschaften wurden in den Küstenorten Pferdebesitzer vertraglich verpflichtet. Das Material wurde auf speziell angefertigte Wagen verladen.

Die Leitung der Seenotmannschaften lag oft in den Händen von alten, erfahrenen Kapitänen. Einer von ihnen in Prerow war Johann Niemann. Er berichtete als 70jähriger um 1930: »Die Gesellschaft für Rettung Schiffbrüchiger ist im Jahr 1865 gegründet. Der Sitz befindet sich in Bremen. Die Gesellschaft unterhält zur Zeit 110 Stationen, darunter 61 Doppelstationen, worunter sich auch Prerow befindet. Von Prerow sind bis heute 139 Personen gerettet worden; die gute Hälfte ist unter meiner Führung zu buchen. Obgleich nun hier eine Doppelstation (Ruderboot und Raketenapparat), haben wir letzteren nur zweimal mit Erfolg in Tätigkeit gebracht. Die Unfallstellen liegen immer zu weit von der Küste ab und sind somit nur mit dem Boot zu erreichen. Prerow steht mit der Zahl der Geretteten von allen an der Ostsee befindlichen Stationen an erster Stelle. Der Erfolg hängt stets von der Umsicht und genauer Kenntnis der Küste sowie Einwirkungen der Witterung ab; dazu gehört auch gegenseitiges Vertrauen unter Bootsmannschaft und ihrem Führer. Die Bootsmannschaft besteht aus 12 Mann.« Kapitän Johann Niemann wurde 1866 in Prerow geboren. Er erzählte aus seinem Leben: »Im Jahre 1880 wurde ich aus der Dorfschule entlassen. Ich ging in eine hiesige Windmühle in die Lehre, denn mein Vater hatte mir den Wunsch, Seemann zu werden, verweigert. Mein älterer Bruder hatte schon diesen Beruf gewählt, und meine Eltern lebten oft in großer Sorge, wenn lange keine Nachricht von ihm eintraf. Mein Bruder Fritz starb auf See an einer Fischvergiftung. Da ich am Wasser groß geworden bin und mit den Booten meines Vaters immer herumhantierte, setzte ich es doch noch durch, zur See zu fahren. Für einen hiesigen Kapitän Albert Borgwardt

Kirche in Wustrow

wurde für sein Dreimastbarkschiff, welches in Liverpool seeklar lag, Besatzung gesucht, und ich wurde von diesem als Schiffsjunge angemustert. Wir fuhren per Bahn von Ribnitz nach Hamburg, gingen an Bord eines englischen Dampfers, welcher uns nach der Ostküste Englands brachte. Wir durchquerten per Bahn England, von Ost nach West, bis Liverpool, wo unser Schiff lag und mit seiner Ladung nach Ostindien und Java bestimmt war. Unsere Reiseroute führte um das Cap der Guten Hoffnung. Beim Passieren des Äquators mußte ich mich mit mehreren Kameraden der Taufe unterziehen. Unsere Reise dauerte bis Batavia 117 Tage. Auf diesem Schiff diente ich meine Zeit als Schiffsjunge ab. Nachdem ich die vorschriftsmäßige Fahrtzeit auf vorgeschriebenen Segelschiffen, außerhalb des Englischen Kanals, beendet hatte, besuchte ich die Steuermannsschule in Wustrow und bestand das Examen. Hierauf diente ich als Einjährig-Freiwilliger bei der 1. Matrosendivision Kiel. Danach war wieder eine vorgeschriebene Dienstzeit von 24 Monaten als Steuermann auf Handelsschiffen zu erfüllen, bevor ich zum Besuch der Schifferschule auf großer Fahrt zugelassen wurde. Dieses Examen bestand ich im Jahre 1894. Nachdem ich noch einige Zeit als erster Steuermann und zehn Jahre als Kapitän gefahren bin, trat ich 1906 von der Seefahrt zurück und übernahm die Führung der hiesigen Rettungsstation für die Rettung Schiffbrüchiger.«

Geschenk zu Weihnachten

Zu allen Zeiten wurde an der Küste das Strandrecht ausgeübt. Darunter ist die Regelung der Bergung des in Küstengewässern befindlichen oder an Land getriebenen Guts zu verstehen. Auf dem Fischland nutzte das Kloster Ribnitz, das über 300 Jahre das Besitzrecht an dem schmalen Landstreifen hatte, das Strandrecht ausgiebig. 1497, als bei einem großen Sturm an der mecklenburgischen Küste viele Lübekker Schiffe verunglückten, sträubten sich die Nonnen mit ihrem Pater, die geborgenen Strandgüter an die Eigentümer herauszugeben. Ein Chronist schreibt: »... denn die Nonnen hatten des Guts so viel bekommen, daß ihre Kirche voll Wachs und Werkfässer voll Wachs gelegen, darum hätten sie die Beute zwar mögen behalten, aber es verdroß sie sehr, daß von solch fettem Brocken nichts triefen sollte.« Das Kirchengebet um einen »gesegneten Strand«, das heißt mit anderen Worten, daß recht viel schiffbrüchiges Gut antreiben möge, wurde erst am 8. Oktober 1777 von Herzog Friedrich dem Frommen als anstößig untersagt. Die Fischländer blieben aber auch später gegenüber dem, was das Meer anspülte, trotz Strandvogt und Zollbehörde ziemlich weitherzig.

Die Küstenbewohner hatten also oft große Vorteile durch ange-
schwemmte Schiffstrümmer und Ladung. Kapitän Niemann, ein
Zeuge der Zeit, schrieb dazu: »1883 strandete vor Prerow der Dampfer
REVAL. Die Schiffsladung bestand aus Renntierhäuten, Getreide, Fa-
sanen, Schneehühnern, Bärenschinken, Edelfischen. Unsere Einwohner fühlten sich wie im Schlaraffenland. All die guten Sachen wurden
mit Booten an Land geholt und mit Schlitten durch den Wald nach
Prerow gebracht. Hin und wieder warfen die Fuhrleute den Neben-
herlaufenden etwas von ihrer reichen Beute zu.«

Im Jahre 1910 strandete auf der Prerow-Bank die finnische Bark AA-
DELAR. Die Decksladung aus Holz wurde an Land gespült, und das
Schiff zerschellte. So mancher Einheimische konnte sich nun das so
lange gewünschte eigene Haus bauen.

Im Jahre 1931 lief der Dampfer HELENE aus Kiel unter Kapitän
Möller am Weststrand auf. Es war Heiligabend. Kapitän Möller war
auf der Reise von Lübeck nach Königsberg und hatte Stückgüter geladen. Fast die gesamte Ladung wurde von der See an Land geworfen.
Den sonst so einsamen Weststrand von Prerow konnte man kaum wie-
dererkennen. »Menschen schleppten mit Mehlsäcken und großen
Butterkübeln in den Dünen. Auch diejenigen, welche gern mal einen

Vollschiff »Pampa« unter
Kapitän Rützmann.
Heimathaus Zingst

Weinbrand tranken, kamen zu ihrem Recht, denn so manche Kiste Kognak und manches Weinfaß wurde aus dem Wasser gefischt und nach Seemannsart gleich kräftig probiert. Trotz eisiger Winterkälte waren die Darßer in bester Stimmung, und sogar ein Tanz um das große Weinfaß fehlte nicht. Man sah soviel frohe Menschen, denn jeder hatte doch eine schöne Überraschung für daheim. Die beschädigten Sachen wurden von der Zollbehörde freigegeben«, schreibt ein Chronist.

Verheerende Sturmfluten

Nicht immer war den Bewohnern der Küste zwischen Ribnitz und Barth das Glück so hold. Es gab Zeiten, da bangten sie nicht nur um ihr Eigentum, sondern auch um ihr Leben. Das geschah immer dann, wenn große Sturmfluten das Land heimsuchten. Seit dem Jahre 1596 haben 20 größere Sturmfluten am Ostseestrand gewütet. Sturmfluten entstehen in der südlichen Ostsee in erster Linie dann, wenn anhaltende Westwinde große Wassermassen in den Finnischen Meerbusen drücken und der Wind plötzlich, nach Nordost umsetzend, diese Massen nach Süden schiebt. Dann wird die Ostsee gleich ihrer Schwester, der Nordsee, zu einem verderbenbringenden Wasser. Glücklicherweise folgt dem anhaltenden Westwind nur selten ein starker Nordost, so daß große Sturmfluten verhältnismäßig selten auftreten.

Die erste Sturmflut, über die nähere Einzelheiten bekannt sind, war Anfang des 14. Jahrhunderts. So heißt es u. a. in Kirchenchroniken, daß 1309 eine verheerende Sturmflut an der Ostsee Kirchtürme und Häuser zerstörte. Von einer zweiten Flut erzählt die Barther Chronik fast 300 Jahre später. Am Freitag, dem 23. Januar 1596, kam in der Nacht eine große Wasserflut aus dem Norden, die in Barth und an der Küste weiter westwärts großen Schaden anrichtete. Dünen und Wall vor Barth wurden durchbrochen. Das Wasser stand in der Stadt fast einen Meter hoch. Eine nächste Flut kam am 10. Februar 1625. In Barth ertranken elf Personen, und in Zingst wurde ein Haus mit neun Menschen gänzlich fortgerissen.

Dann im Jahre 1872: Stürmische Westwinde hatten den ganzen Oktober hindurch getobt und mit ungeheurer Wucht Wassermassen von der Nordsee in die Ostsee gedrückt. Voller Besorgnis schauten daher die erfahrenen Küstenbewohner nach dem Wind. Sie wußten, daß jetzt ein Sturm aus Nordost dem Land und der Küste unermeßlichen Schaden zufügen würde. Am 10. November war es merkwürdig und unheilverkündend still, kein Lüftchen regte sich; dennoch lief unheimlich brausend ein starker Strom in die Binnengewässer und deutete an, daß die angestauten Wassermassen aus den östlichen Teilen der Ostsee zurückfluteten. So sah es am Sonntag aus. Am Montag stieg das Wasser weiter, doch ein größeres Unheil schien der Windstille wegen nicht bevorzustehen. Aber es war im wahren Sinne die Ruhe vor dem Sturm. Schon der Dienstag kündete mit dem blutroten Glanz der aufgehenden Sonne die folgenden Schreckenstage an. Der Wind aus Ost frischte auf. Am Abend stand das Wasser in Barth in der Hafenstraße so hoch, daß man nur noch auf der Grasnarbe des sogenannten Fischerwalls gehen konnte. In der Nacht steigerte sich der Wind zu Sturm, der Sturm zum Orkan. Der nächste Tag bot ein Bild des Grauens. Die Stadt war rings von Wasser umgeben und jede Verbindung zur Umwelt abgeschnitten. Die Gegend am Hafen glich einer wilden Wasserfläche. Woge auf Woge rollte heran und schlug gegen die Häuser der Hafenstraße, so daß Tische und Betten in den Stuben bereits schwammen. Im Hafen wurden Schiffe und Fischerboote zu Spielbällen des entfesselten Elements. Einige Schiffe waren bereits gesunken und ragten nur noch mit ihren kahlen Mastspitzen aus dem Wasser empor. Sogar auf das Bollwerk war ein Boot geschleudert worden. An der völlig zerstörten Brücke lag der Dampfer MÖWE, mit aller Kraft gegen Wind und Wellen andampfend, um ein Brechen der haltenden Trossen zu verhindern. Auch in anderen Teilen der Stadt stand das Wasser hoch, und nur die Spitzen der Gartenzäune ragten hervor. Hier und da zwängten sich Boote hindurch, um gefährdetes Vieh zu bergen und Lebensmittel und Trinkwasser zu den Eingeschlossenen zu bringen. Glücklicherweise waren in Barth keine Menschenleben zu beklagen. Schlimmer sah es zum Teil in der Umgebung aus. In Zingst hatte das Wasser die Dünen weggewaschen, den Binnenwall überstiegen und war ins Dorf eingedrungen. Wie ein reißender Strom stürzte es zwischen die Häuser. Die Menschen flüchteten auf die Böden und sahen, wie das Wasser das Mauerwerk zerstörte und durch die Räume des Hauses hindurchflutete. In Straminke segelte gar ein Hausdach auf den Wogen. Voller Angst klammerten sich die Menschen an die Sparren der Hausdächer. In Prerow das gleiche Schreckensbild wie in Zingst. Zwar war die Kirche dieses Mal verschont geblieben, doch hatten viele Häuser, Äcker und Wiesen arg gelitten. In der Prerower Bucht strandete eine Brigg aus Stralsund. Ihre ganze Besatzung fand man nach der Flut als stille Schläfer am Strand. Sie wurden neben den Einheimischen auf dem Friedhof zur letzten Ruhe gebettet. Kapitän Johann Niemann, der als Sechsjähriger diesen Sturm miterlebte, berichtete über die Ereignisse in seinem Heimatort: »Solche Gefahren traten früher öfter ein, wenngleich nicht immer in solchem Maße. Jedes Grundstück war mit einem kleinen Wall umgeben, so daß nur die eine Auffahrt für Fuhrwerke bei Gefahr aufgedeicht werden mußte. Als meine Eltern hierbei beschäftigt waren, liefen wir Kinder raus. Die Flut kam uns entgegen, und wir konnten unser Nachbarhaus eben noch erreichen. Die Frau war allein zu Hause und war froh, daß wir zu ihr kamen. Sie brachte uns gleich auf den Heuboden. Vater erkundigte sich durch Zuruf von der Bodenluke nach unserem Verbleib. Nach Verlauf von 24 Stunden konnten wir wieder trocken nach Hause gehen. Hier bot sich nun für uns ein ganz neues Bild. In den Betten lagen halberstarrte Schiffbrüchige, Holländer. Außerdem hatte eine befreundete Familie bei uns Unterkunft gefunden, weil ihr Haus eingestürzt war. Unsere Kühe wurden im Wald wieder aufgefunden, sie hatten die Tür aufgebrochen und waren durch das Wasser geschwommen. Unserem Pferd stand das Wasser eben über den Rücken. Die Schafe im Stall waren ersoffen. Das Schlimmste aber für Mensch und Vieh: Das Trinkwasser war total versalzen. Frisches mußte von weither geholt werden, von Gehöften, die die See verschont hatte. Aber auch hier war das Trinkwasser noch salzhaltig, so daß der Kaffee nur stark versüßt genossen werden konnte. Das Straßenbild war traurig anzusehen. Alles war übersät mit Möbeln und Viehkadavern. Menschenleben waren auch zu beklagen.« Zehn Prerower wurden Opfer dieser Sturmflut.

Auch Wustrow meldete großen Schaden. Lange Zeit noch ragte die Düne wie ein schmaler Saum im Wasser, bis dann der Einbruch erfolgte. Der Rettungsschuppen und die Rettungsstation wurden zerstört. Schiffe mit gekappten Masten kamen in Sicht und konnten sich kaum vor Anker halten. Jachten und Boote trieben auf den Strand zu. In Althagen und Ahrenshoop die gleichen Bilder. Ein reißender Strom zwischen beiden Orten war nur schwer mit einem Boot zu über-

Bekleeden einer Trosse

queren. Auf der überschwemmten Feldmark trieben Mobiliar, Vieh, Stroh, Heu und Betten.

In Ribnitz richtete einerseits der Sturm große Verwüstungen an, andererseits brachte das Boddenwasser große Verheerungen. Der vordere Ausbau des Binnenhafens, die sogenannte Fischerbrücke, trieb zertrümmert in den Fluten. Drei Fährboote lagen zerschmettert am Ufer, und in der Fischerstraße hatten die Wellen zwei Jachten weggespült. Auf der Klosterwiese schwammen Tonnen, Balken und Bretter.

Der Gesamtschaden der schweren Sturmflut von 1872 an der deutschen Ostseeküste betrug mehrere Millionen Taler. Hunderte von Häusern waren vollständig zerstört, riesige Ackerflächen versandet, die Saaten verdorben.

Tod auf See

Jedes Jahr fordert das Meer seine Opfer. Darunter befanden sich in der Vergangenheit bei dem hohen Anteil von Fahrensleuten aus dem Gebiet zwischen Ribnitz und Barth auch viele Seeleute, die in den Dörfern auf dem Fischland, dem Darß und dem Zingst zu Hause waren. Für den Zeitraum von 1888 bis 1892 ergibt sich folgende traurige Statistik. Im Jahr 1888 kamen aus diesem Territorium auf See ums Leben:

Der Matrose Friedrich Fehling aus Dierhagen (Bark PHILIPP NELSON), ertrunken. Der Steuermann Wilhelm Mittelstädt aus Barth (Schoner GRAF KLOT-TRAUTVETTER), ertrunken. Der 2. Steuermann Emil Melms aus Ribnitz (Schoner ALLEMANIA), mit dem Schiff verschollen. Der Bestmann Peter Roose aus Born (Schoner LOUISE), ertrunken. Der Matrose Johann Christian Haut aus Wiek (Schonerbrigg MEERKÖNIG), gestorben durch Krankheit. Der Junge Franz Ehlert aus Barth (Bark FELIX MENDELSSOHN), tödlicher Unfall an Bord. Der 1. Steuermann Heinrich Vorbrodt aus Zingst (Schonerbrigg GALANT), verschollen mit der achtköpfigen Besatzung. Der 1. Steuermann Wilhelm Müllerwerth aus Barth (Bark ORION), ertrunken. Der Matrose Erhard Schumacher aus Wustrow (Bark FRÜHLING), tödlich verletzt. Der Koch Friedrich Johann Lebermann aus Müritz (Bark B. C. PETERS), Schiffsuntergang. Der 15jährige Schiffsjunge Peter Dannehl aus Wustrow (Bark MARIE KUYPER), ertrunken. Der Steuermann Hermann Burmeister aus Bodstedt (Brigg WITTOW), ertrunken.

12 Opfer aus dem Gebiet zwischen Ribnitz und Barth forderte also die See im Jahre 1888. Ein Jahr später kamen 22 Seeleute ums Leben, außerdem mehrere Ausländer, unter ihnen der holländische Matrose Jacob Nuveen, der auf der Barther Bark MALWINA WENDT schwer verletzt wurde und an den Folgen starb. Unter den Verunglückten be-

III

Friedhof in Prerow

fand sich auch der Schiffer Heinrich August Peters aus Wustrow, der mit seiner Bark DORA AHRENS seit dem 24. August 1889 verschollen ist. Schiffer Peters stammte aus einer alten Seemannsfamilie und hinterließ mehrere Kinder. Zusammen mit dem Schiffer ging die Besatzung verloren. Es waren der Steuermann W. Voß aus Dändorf, der Bootsmann Fritz Haacker, der Zimmermann Daniel Voß, der Matrose Carl Voß und der Koch August Gerloff aus Ahrenshoop sowie der Leichtmatrose F. Permin aus Althagen. Außerdem sollen sich an Bord ein Grieche, ein Franzose und zwei Engländer befunden haben.

Ein Jahr danach kamen wiederum 15 Seeleute ums Leben. Sieben Fahrensleute sind mit der Barther Bark CICERO verschollen. Unter ihnen befand sich auch der Kapitän August Johann Kruse aus Barth. Das Schiff hatte insgesamt 18 Mann Besatzung. Alle blieben auf See. 1891 fanden 13 Seeleute den Tod. Die 12köpfige Besatzung der Bark EVELINA ertrank am 5. November. Kapitän Ludwig Niemann stammte aus Dändorf, der Obersteuermann aus Dierhagen, der Steuermann aus Michaelsdorf, der Zimmermann aus Hermannshagen, der Koch aus Zingst, ein Matrose aus Barth. Kapitän Rosenow aus Ribnitz, der die Brigg GESINE fuhr, erlitt im gleichen Jahre tödliche Verletzungen. 1892 verunglückten zwölf Fahrensleute tödlich, darunter Kapitän Johann Heinrich Meier aus Zingst (Schiffsuntergang), Kapitän Johann Friedrich Granz aus Wustrow – er wurde schwer verletzt und erlag diesen Verletzungen –, Kapitän Reimar Niemann aus Wustrow. Sein Schiff, die Bark PLUTO aus Rostock, ging mit der Besatzung verloren. An Bord befanden sich drei Ribnitzer und ein Dändorfer Fahrensmann. Auch Kapitän Fischer aus Barth, er fuhr den Dampfer ERNDTE aus Stettin, kam ums Leben.

Schiffsuntergänge oder tödliche Unfälle auf See wurden zur damaligen Zeit durch eine Proclama – öffentliche Ausrufung – angezeigt. So ist im »Oeffentlichen Anzeiger für das Dominal-Amt Ribnitz« vom 10. September 1864 zu lesen:

»Der Schiffer Joachim Möller aus Wustrow ist nach Ausweis der desfalls erwachsenen Acten seit dem 20. November 1861, zu welcher Zeit er mit dem Schiffe MEERESBRAUT zu Newcastle segelfertig zu einer Reise nach Copenhagen lag, verschollen. Sein Vermögen wird einstweilen vormundschaftlich verwaltet und ist nunmehr der Antrag auf Todeserklärung gestellt. Der gedachte Schiffer Joachim Möller aus Wustrow wird daher hiedurch dictaliter (d. h. gerichtlich oder öffentlich vorgeladen – die Autoren) geladen, binnen 6 Monaten a dato edictalium bei dem unterzeichneten Amtsgericht zu erscheinen oder den Ort seines Aufenthaltes anzumelden, widrigenfalls sein Ableben angenommen und sein Vermögen den Nächstberechtigten für anheimgefallen erklärt wird.«

Eine andere Proclama betrifft den Schiffer Joachim Bradhering und den Steuermann Wilhelm Bradhering aus Wustrow, die mit ihrem Schiff CELANY auf der Fahrt von Riga nach Antwerpen verschollen sind.

Nachrichten über den Verlust von Schiffen und über den Tod von Schiffern und Besatzung sind zahlreich in den Akten des Barther Magistrats vorhanden.

Dort steht unter der Jahreszahl 1824: »Die Königliche Gesandtschaft zu Paris hat den abschriftlich anliegenden Bericht des Consuls zu Dünkirchen, in Betreff eines auf der Küste von Calais gestrandeten preußischen Kauffarteyschiffes dem unterzeichneten Ministerium wie mit der darin erhobenen Frage vorgelegt: Ob das Schiff und Tauwerk dem Kapitän H. J. Wilken aus Barth eigenthümlich zugehöre und er demnach den Erlös der Materialien des Wracks in Anspruch zu nehmen berechtigt sey?«

Das unterzeichnete Ministerium bat die Königliche Regierung, »hierüber die nöthigen Erkundigungen in Barth einzuziehen und daselbst von dem Resultate Behufs der Bescheidung die Königliche Gesandtschaft, so als möglich in Kenntnis zu setzen.« Weitere Berichte dieser und ähnlicher Art sind in dem umfangreichen Aktenmaterial des Barther Stadtarchivs häufig zu finden. Sie befassen sich auch mit Todesfällen von Seeleuten. So gibt es einen Bericht aus dem Jahre 1843 über den Tod des Seefahrers Wilhelm Konrad Steinort, der in Havanna verstarb. Mit dem Segler »Danzig« wurden seine letzten Habseligkeiten, Kleidung und Paß, nach Europa zurückgeschickt, so daß sie in die Hände der Erben und Nachfahren gelangen konnten. Von dem Königlichen Gesandten in Turin erhielt die Regierung in Stralsund einen Brief und Bericht, wonach in den Sardinischen Gewässern ein Schiff verunglückt ist, »welches vielleicht der diesseitigen Rhederei angehört, mit dem Auftrage, den Vorfall durch Erlaß einer Bekanntmachung in den Hafenplätzen Ihres Bezirkes zu öffentlichen Kenntniß zu bringen, damit etwaige Interessenten Gelegenheit haben, sich zu melden.«

Das war am 20. Mai 1837. Zehn Tage später veröffentlichte der Magistrat der Stadt Barth in der Zeitung diese Notiz: »In Folge höherer Veranlassung bringen wir hiermit zur öffentlichen Kenntnis, daß in den Sardinischen Gewässern im Anfange dieses Jahres unterhalb der Insel St. Pietro ein Schiff verunglückt ist, von welchem einzelne Gegenstände gerettet und von der Sardinischen Marine-Administration für 1186 Fr. 27 Cent verkauft worden sind. In einem Stücke abgefärbter Schiffsflagge will man die Preußische Flagge erkannt haben. Für den Fall, daß das Schiff der inländischen Rhederei angehören sollte, sind die Ansprüche der Interessenten binnen Jahresfrist geltend zu machen, widrigenfalls der Verkaufsertrag dem Fiskus zufällt. Zu den gefundenen Gegenständen, so wird weiter aus Turin gemeldet, gehören

u. a. Anker, Ketten, Tauwerk, ein J. W. Jhardin gezeichnetes Hemd und ein Stück abgefärbter Schiffsflagge. Aus den Unterlagen geht aber nicht hervor, ob dieses Schiff zu einer Barther Reederei gehört hat.«

Seemannsheim in Barth

Im Januar 1795 erreichte den Wohllöblichen Rat der Stadt Barth ein Brief, der die Unterschriften von 78 Schiffern trug, darunter Schiffer mit so bekannten Namen wie Wallis, Ramm, Permin, Steinorth, Segebarth und Färks (der Name Wallis kommt achtmal vor). »Aus Besorgniß eines Unglücks zur See, und des daher entstehenden drückenden Mangels der Unsrigen, sind die hiesigen Schiffer zusammengetreten, und wünschen eine Schiffer-Armen-Gesellschaft zu errichten ...« So begann der Brief, und daran schlossen sich zehn Seiten Erläuterungen der einzelnen Paragraphen an. Unter anderem hieß es darin: »Keiner kann in diese Gesellschaft aufgenommen werden, der nicht Schiffer und Einwohner von Barth ist.« Nur kurze Zeit darauf antwortete der Rat auf den Brief positiv. Das nahm nicht wunder, denn schließlich waren die Schiffer und Seeleute der Stadt eine beträchtliche wirtschaftliche Kraft. Die »Versicherung« der Barther Schiffer wurde später umgewandelt in das Statut der Barther Schiffer-Witwen- und Armenkasse. Doch damit war dem einfachen seefahrenden Volk noch nicht gedient, und immerhin dauerte es länger als ein halbes Jahrhundert, bis nach dem Beispiel der in Hamburg und Bremen bereits existierenden »Seemanns-Kassen« eine solche auch in Barth eingerichtet wurde. Jeder außer den Kapitänen – diese hatten ihre eigene Gesellschaft –, der auf Barther Schiffen fuhr, konnte der »Seemanns-Kasse« beitreten. Die jährlichen Beiträge richteten sich nach dem Einkommen. Die jährliche Pension wurde dann später im Not- oder Altersfall ausgezahlt, wenn eine bestimmte Fahrtzeit auf Barther Schiffen absolviert worden war. Je länger die Fahrtzeit, desto höher war die Pension. Außerdem gewährte die Kasse Ersatz für den Verlust von Effekten, d.h. von persönlichen Gegenständen durch Schiffsunglück, gab Unterstützung bei Unglücksfällen und regelte im Todesfall eines Seemanns die Kinder- und Witwenversorgung.

Eine weitere Verbesserung im Leben der Seeleute war das 1887 gegründete Seemannsheim in Barth. In der Begründung für die Errichtung eines solchen Heimes an den Rat heißt es: Es soll den Seeleuten der in Barth liegenden Schiffe in ihrer Freizeit Gelegenheit gegeben werden, einen unentgeltlichen Aufenthalt in einem geeigneten Lokal zu verschaffen, »um zu verhindern, daß dieselben von gewissenlosen Leuten ausgebeutet und auf schlechte Wege geführt werden ...«

Das passende Lokal wurde bald für mehrere Jahre am Krautmarkt Nr. 2 gemietet und bestand aus einem geräumigen Saal und mehreren Nebenräumen. Dort gab es »eine reiche Auswahl der neuesten Zeitungen, Fachblätter, von illustrierten Zeitschriften, erbaulichen Blättern und Büchern sowie Schreibmaterialien zum Briefschreiben zur freien Benutzung für die Besucher«. Speisen und Getränke wurden zu mäßigen Preisen verabreicht. Hier hatte auch das Heuerbüro mit dem Heuerbaas seinen Sitz, und allwöchentlich an jedem Dienstagabend fanden Gottesdienste im großen Saal statt. Welchen Zuspruch dieses Seemannsheim fand, geht daraus hervor, daß im ersten Jahre etwa 4000 Besucher gezählt wurden.

1852 war auch in Wustrow eine »Pensions-Anstalt für Seeschifferfamilien in Mecklenburg« gegründet worden. Ihr Sinnen und Trachten war darauf gerichtet, elternlosen Kindern der Mitglieder, aber auch solchen Mitgliedern, die durch lange Krankheit oder Altersschwäche bedürftig und erwerbslos waren, eine jährliche Unterstützung zu gewähren. Als Mitglieder wurden Seeschiffer und Steuerleute aufgenommen, die jedoch nicht älter als 60 Jahre sein durften (bzw. die diese Berufe früher ausübten) und in Mecklenburg ansässig waren. Der Taufschein und ein ärztliches Attest waren für die Aufnahme notwendig sowie natürlich der Nachweis der entsprechenden Qualifikation. Jedes Mitglied zahlte ein Eintrittsgeld von zehn Talern, falls es verheiratet war, der Ledige brauchte nur fünf Taler zu entrichten. Erst nach einer vierjährigen Mitgliedschaft erfolgte die Zahlung der Pensionen. Eine Vielzahl von Bestimmungen und Klauseln, die spätere Heirat, das Alter der Frau, die Ehescheidung betreffend, regelte die unterschiedlichsten Sonderfälle. Das Maximum einer vollen jährlichen Pension betrug 50 Taler. Ein Mitglied, das für sich selbst die Pensionen zu beanspruchen wünschte, mußte dem Vorstand ein Schreiben einreichen, aus dem hervorging, wie die Vermögensverhältnisse waren und daß eine Notlage bestand. Das Mitglied durfte dabei nicht durch eigene Schuld in diese Lage geraten sein, insbesondere nicht durch Trunksucht, Spiel oder Verbrechen. Es mußte auch bescheinigt werden, daß keine Eltern, oder Enkel vorhanden waren, die die Ernährung übernehmen konnten. Auf der Generalversammlung erfolgte die Prüfung des Gesuchs. Witwen verloren ihre Pensionen, wenn eine neue Ehe geschlossen wurde. War ein Mitglied auf See verschollen und von ihm und von der Mannschaft dieses Schiffes kam keine Nachricht, so erhielt die Frau die Unterstützung, wenn seit der letzten Nachricht des Verschollenen

1. bei einer Reise in die Ostsee oder nach dem Kattegat neun Monate,
2. bei einer Reise nach der Nordsee, der Westküste Europas oder von dort in die Ostsee 12 Monate,
3. bei einer Fahrt in das Weiße, Schwarze oder Mittelmeer 15 Monate,

4. bei einer Reise an die Westküste Afrikas oder Ostküste Amerikas oder zurück 18 Monate,

5. bei einer noch weiteren Reise drei Jahre vergangen waren.

Für die jährliche Zahlung von 50 Talern gab es übrigens noch eine Klausel: Die Pension wurde nur aufrechterhalten, solange aus den Zahlungen keine Gefahr für das Bestehen der Pensionsanstalt erwuchs. Auch konnte bei besonders vielen Unglücksfällen die Unterstützung herabgesetzt werden.

Eine weitere soziale Absicherung der Seeleute bildete eine »Seemanns-Unterstützungskasse«. Sie wurde 1888 in Rostock gegründet und stand unter städtischer Verwaltung. Sie war bestimmt zur Unterstützung hilfsbedürftiger Seeleute, die im Gebiet der Stadt Rostock wohnten. Diese Kasse half den Fahrensleuten auch bei Krankheiten oder bei Unglücksfällen auf See. Gezahlt wurde aber nur, wenn die Seeleute im Dienst eines in Rostock beheimateten Schiffes standen. Außerdem mußten sie mindestens fünf Jahre auf Rostocker Schiffen gefahren sein. Die beiden letztgenannten Bestimmungen trafen für viele Fischländer und Darßer Seeleute zu.

Große Schiffe und kleine Häfen

Die Entwicklung der Häfen zwischen Ribnitz und Barth hielt zu keiner Zeit mit dem Aufblühen der Schiffahrt Schritt, und nur ein Bruchteil der Flotte machte irgendwann hier fest. Die Gründe dafür waren vielseitig und lagen unter anderem in den machtpolitischen Kämpfen mit den benachbarten Hansestädten und in der Nichtausführung bereits vorhandener Hafenbaupläne durch Kriegswirren. Sie sind auch in dem relativ ungünstigen Hinterland mit wenig Frachtaufkommen zu suchen und resultieren aus der ungünstigen Lage am Bodden.

Aber das traf nicht für alle zu, denn die Schiffahrtsverhältnisse lagen in der Vergangenheit für die Ribnitzer nicht viel besser oder schlechter als für die Rostocker. Die Lage zum freien Meer war für das etwa vierzehn Kilometer vom Permin entfernte Ribnitz fast ebenso günstig wie für Rostock, dessen Schiffe dreizehn Kilometer bis zur Mündung der Warnow in die Ostsee benötigten. Natürlich läßt sich entgegnen, die Warnow wäre wegen ihrer Breite und Tiefe ein viel vorteilhafteres Gewässer gewesen. Aber im 13. und 14. Jahrhundert besaßen auch die alte Recknitzmündung durch den Permin, der bei Wustrow eine Verbindung zur Ostsee hatte, und der Darßer Kanal viel günstigere Wasserverhältnisse, die sich erst nach der Zuschüttung des Prerowstromes zum Nachteil veränderten. Und auch in Rostock mußte einiger Aufwand betrieben werden, um die Warnow zu dem zu machen, was sie dann wurde.

Ribnitz, nur wenig später als das benachbarte Rostock im Jahre 1233 gegründet, besaß also von Anfang an eine gut befahrbare Wasserstraße vom Binnensee bis zur Ostsee. Aber die große Bedeutung dieses Weges scheint nicht erkannt worden zu sein.

Erst zu Beginn des 14. Jahrhunderts ist der merkantilen Zwecken dienende Hafen in Ribnitz urkundlich nachzuweisen. In diesem Jahrhundert hatten auch die Vitalienbrüder hier einen Stützpunkt, nachdem Herzog Johann I. den Raubschiffern seine Häfen aus politischen und ökonomischen Gründen geöffnet hatte. Auch Rostock, Wismar, Gollwitz auf Poel und Ribnitz befanden sich darunter.

1533 erhielt Herzog Albrecht VII. von Mecklenburg vom Kaiser Karl V. die Erlaubnis, in Ribnitz einen größeren Hafen zu bauen. Er wollte, wie die reichen Patrizier in seinen Hansestädten, ebenfalls vom

Handel über See profitieren. Herzog Albrecht starb, ohne seine Pläne in die Tat umgesetzt zu haben.

1609 sollte dem Ribnitzer Hafenbau durch die Einmischung von Rostock und Wismar erneut ein Hemmschuh angelegt werden. Die Städte beriefen sich auf Privilegien, nach denen die Schiffsbefrachtung nur in ihren Häfen vorgenommen werden durfte und alle anderen als Klipphäfen verboten werden sollten.

1621 faßte Herzog Johann Albrecht II. für den Hafenbau in Ribnitz erneut Pläne, doch nach vielem Hin und Her ging 1627 ein kaiserliches Antwortschreiben ein, das die Ermahnung aussprach, nicht in den schwebenden Prozeß der Seestädte gegen Ribnitz einzugreifen und vorläufig von neuen Hafenbauunternehmungen Abstand zu nehmen. Außerdem behinderte der Dreißigjährige Krieg das Hafenprojekt.

Nach Beendigung des Krieges 1648 gab es neue Probleme. Die schwedische Regierung verlangte von allen mecklenburgischen Häfen für die Einfuhr und Ausfuhr von Waren Lizenzgebühren. Die Ribnitzer, durch den Krieg stark ausgeplündert, konnten die für die Lizenzvergabe verlangte Summe nicht aufbringen. 1661 nahm Herzog Gustav Adolf von Mecklenburg-Güstrow die Ribnitzer Hafenpläne wieder auf. Der Holländer Gerd Gerdson sollte die Arbeiten im Hafen leiten. Rostock bekam davon rechtzeitig Nachricht und wußte alle wichtigen Maßnahmen zu verhindern. Trotzdem ging es ein wenig

Brigg »Frau Marie« (1882) unter Kapitän P. M. Voß/ Ahrenshoop. Darß-Museum Prerow

mit dem Hafenausbau voran, so daß Ribnitzer Schiffer Korn nach
Lübeck verschiffen konnten. Die Rostocker behinderten diesen Handel, indem sie die Schiffe ihrer Nachbarn aufbrachten und die Eigentümer mit Strafen belegten.

1756 vergab Herzog Friedrich den Auftrag, Erkundungen über
einen Hafenbau in Ribnitz anzustellen. Die Antwort der Baumeister
lautete: Es ist gut möglich, dauert aber fünf bis sechs Jahre. Der Sie-
benjährige Krieg machte dieses Projekt zunichte.

1776 gab es erneut einen Plan, den Hafen von Ribnitz für die mittlerweile größer gewordenen Schiffe nutzbar zu machen. Es sollte bei
Wustrow ein Durchstich verwirklicht werden, der die ehemalige Fahrrinne erheblich verbreiterte. Geplant war der Bau von in die Ostsee
vorspringenden Molen und Eisbrechern in einer Gesamtlänge von
535 Metern. Auf der Boddenseite sollte ein über hundert Meter langes
Bollwerk entstehen. Dieses kühne Projekt blieb unverwirklicht, die
Idee war der Zeit vorausgeeilt.

1840 und in den folgenden Jahrzehnten gab es viele Stimmen, die
zum Hafenneubau, zu der Erweiterung der vorhandenen Anlagen an-
regten. Zudem war eine leistungsfähige Schiffbauindustrie entstanden. Unentschlossenheit, Kurzsichtigkeit und nicht zuletzt unzurei-
chende Finanzmittel setzten diesen Vorhaben endgültig die Schran-
ken. 1878 erfolgten zwar noch die Ausbaggerung des Hafens und eine
geringfügige Erweiterung, die jedoch ohne jeden Einfluß auf die
Schiffahrt blieben. Der Ribnitzer Hafen ist in der Geschichte der
Stadt nie über seine territorial begrenzte Bedeutung hinausgekom-
men.

Auf eine ebenso interessante, wenngleich nicht so lange Geschichte kann der Hafen von Ahrenshoop verweisen. Bereits um 1390
ließ der Pommernherzog Bogislaw VI., der die günstige Lage des Ortes erkannt hatte und ihn zur Seestadt ausbauen wollte, die ersten dem-
entsprechenden Arbeiten vornehmen. In der Nähe eines alten ver-
landeten Wasserlaufes der Recknitz ließ er den Darßer Kanal graben,
der eine Verbindung zur Ostsee schuf und den Handelsverkehr in Ahrenshoop fördern sollte. Wiederum waren es die Rostocker, die hier
Konkurrenz befürchteten und erfolgreich das Vorhaben zunichte
machten. Der Darßer Kanal blieb dennoch lange offen, und auch die
Ribnitzer haben ihn genutzt. Wann diese wichtige Durchfahrt zur
Ostsee endgültig versandete, kann mangels zuverlässigen urkundli-
chen Materials nicht genau angegeben werden, wahrscheinlich infolge der Sturmflut von 1596. Wie der Hafen Ahrenshoop den Rostockern ein Dorn im Auge war, so war es der von Wustrow den
Stralsundern. Sie vernichteten 1400 diese Anlage, in deren Einfahrt
sie drei Schiffe versenkten, die 1719 ausgebaggert wurden.

Am stärksten hatte die Stadt Barth unter den ungünstigen Wasserverhältnissen im Bodden zu leiden. Das machte sich besonders, hervorgerufen durch angewachsenen Schiffbau und Schiffsverkehr, im ersten Drittel des vorigen Jahrhunderts bemerkbar. Nur mit großer Mühe und hohen Kosten ließen sich die Schiffe von Barth aus in das freie Fahrwasser bringen. Die Stadt trat mehrfach mit Eingaben an die Regierung heran, Abhilfe zu schaffen und Unterstützung zu gewähren. Die ersten Arbeiten dazu konnten um 1850 eingeleitet werden, erfuhren aber zahlreiche Unterbrechungen. So versuchte es die Stadt mit einem eigenen Bagger und arbeitete rastlos an der Vertiefung des Hafenbeckens und an einer neuen Hafeneinfahrt. Doch die Kraft der kleinen Stadt reichte nicht aus. Die 1857 eingereichte Denkschrift hatte endlich Erfolg, so daß nun auf Staatskosten die Fahrrinne ausgebaggert wurde. Die neue Wasserstraße besaß eine Tiefe von 3,35 und eine Breite von 40 Metern. Nun konnten die größeren Schiffe mit etwa 300 Lasten den Hafen zum Laden oder Löschen anlaufen bzw. die Werften zu Reparaturarbeiten aufsuchen. Doch die Vertiefung eines Fahrwassers macht noch nicht den ganzen Hafen aus. Was Barth weiterhin fehlte und es dadurch nie über einen kleinen Hafen hinauskommen ließ, waren entsprechende Lade- und Löschvorrichtungen sowie das Fehlen eines Quarantänehafens und eines Lazaretts. Das führte letztlich dazu, daß von den 125 in Barth beheimateten Seeschiffen im Jahre 1886 lediglich 23 kleinere Schiffe mit Ladung im Hafen festmachten. Alle anderen mußten Fremdhäfen aufsuchen, und es gab viele von ihnen, die nach dem Stapellauf auf einer Werft in Barth niemals in die Stadt zurückkehrten, in der ihre Wiege stand.

Die Wiege der Schiffe

Das Gebiet zwischen Ribnitz und Barth wird an zwei Seiten von Wasser begrenzt, von der Ostsee und dem Bodden. Während die Ostseeküste etwa eine Länge von 65 Kilometern besitzt, mißt die Boddenküste – bestehend aus Saaler Bodden, Bodstedter Bodden, Zingster Strom, Barther Bodden und Grabow – über hundert Kilometer. Die geringe Fruchtbarkeit des Landes zwang die Bevölkerung schon frühzeitig, ihren Lebensunterhalt auf See zu suchen, also Fischfang und Seehandel zu betreiben.

In den Dörfern am Bodden wie Born, Wieck, Michaelsdorf sowie in den Stranddörfern Wustrow, Prerow und Zingst wurden bereits im 17. Jahrhundert Schiffe in der für den dörflichen Bootsbau typischen Schalenbauweise gefertigt. Es waren einmastige Segelfahrzeuge mit Rah-, Lugger- oder Spriettakelung. Die meisten Boote waren Schuten, offene oder halbgedeckte Boote von sechs bis zehn Metern Länge. Sie wurden entweder vom Schiffer selbst oder von Zimmerleuten gebaut, die eine Saison im Dorf arbeiteten. Das Material lieferten die umliegenden Wälder. Baumaterial war meist Eichenholz. Buchenholz fand nur selten Verwendung, zum Beispiel für den Kiel und die Bodenbeplankung. Kiefer oder Fichte wurde bei fast allen Schiffen für die Decksbeplankung benutzt. Vorherrschend war erst der Klinker-

Kalfatern der Außenhaut

bau, später der Kraweelbau (hierbei stoßen die Planken stumpf anein-
ander, bilden eine glatte Oberfläche und sind durch die Spanten miteinander verbunden. Beim Klinkerbau überlappen die Planken).

Durch erfolgreiche Reisen gelangten einige Schutenschiffer zu
Vermögen, das sie zum Bau größerer Schiffe verwendeten. So traten
seit Mitte des 18. Jahrhunderts einmastige Jachten bzw. Schlupen und
zweimastige Galeassen an die Stelle der Schuten. Die Länge der Galeassen betrug 14 bis 25 Meter, ihre Breite lag zwischen 4,4 und 6,6 Metern; Jachten hatten eine Länge von 10 bis 20 Metern und eine Breite
von 3,5 bis 6 Metern.

Gegen Ende des 18. Jahrhunderts vollzog sich im Dorfschiffbau ein
wichtiger Wandel. Die Zimmerleute gingen von dem nur in den Som-
mermonaten betriebenen Nebenerwerb nach und nach zum ganzjährigen Handwerksbetrieb über. Der Schalenbau wurde durch den Ge-
rüstbau abgelöst. Die geschicktesten Handwerker zog es schon
frühzeitig in die Stadt. Hier konnten sie ihre Fähigkeiten vervoll-
kommnen und ihre Kenntnisse erweitern.

Die Meister aus beiden Bartelshagen

Einer von ihnen war Nicolaus Dierling, der um 1740 in dem kleinen
Dorf Bartelshagen II, nahe Damgarten gelegen, als Sohn eines Bauern geboren wurde. Da der Bauernhof nicht so groß war, um beide
Söhne ernähren zu können, mußte der jüngere ein Handwerk erlernen. Nicolaus Dierling wurde Zimmermann und zog nach Stralsund.
Hier lernte er bei dem berühmten 1721 in Gothenburg/Schweden geborenen Schiffbauingenieur Frederik Henrik af Chapman, dem späteren Verfasser des berühmten Standardwerkes der Schiffbaukunst
»Architectura Navalis Mercatoria«, Schiffe zu bauen. Chapman, dessen Vater Thomas 1715 in Stralsund Kapitän der schwedischen Ma-
rine war, beschäftigte sich in seiner Jugend intensiv mit dem Schiffbau, unter anderem auf der Marinewerft in Gothenburg sowie auf
Werften in England, Holland und Frankreich. 1757 kehrte er nach
Schweden zurück und wurde Unterschiffbaumeister in Stockholm.
Damals befand sich Friedrich II. von Preußen im Krieg mit Österreich, Rußland, Frankreich und Schweden – dem Siebenjährigen
Krieg von 1756 bis 1763. Vorpommern gehörte zu Schweden (seit dem
Ende des Dreißigjährigen Krieges bis 1815). In Stettin lag eine starke
preußische Flotte. Chapman erhielt von seinem König den Auftrag,
in Stralsund Kriegsschiffe zu bauen, die später an den Kämpfen gegen die Preußen im Haff teilgenommen haben. Auch Damgarten gehörte zu Schwedisch-Vorpommern, und so war es für Nicolaus Dierling wahrscheinlich naheliegend, sich in die nächstgrößere Stadt

seines Heimatgebietes zu begeben. Das war Stralsund, und so wurde Dierling einer der Mitarbeiter und Meister von Chapman. Mit dem Friedensschluß von 1763 schied auch Schweden aus dem Krieg aus, und Chapman kehrte in seine Heimat zurück. Das für viele Handwerker reiche Betätigungsfeld in Stralsund existierte nicht mehr, und zuerst mußten die Zugewanderten gehen. So war der junge Schiffbaumeister Dierling arbeitslos geworden und kehrte in seine ländliche Heimat nach Damgarten zurück. Hier trat er mit den beiden Pächtern eines bereits bestehenden kleinen Schiffbauplatzes in Verbindung und begann seine in Stralsund gesammelten Erfahrungen in die Praxis und für eigene Rechnung umzusetzen. Bereits 1764 tritt der Name Dierling in den Damgartener Stadtrechnungen auf. Doch die Folgen des Siebenjährigen Krieges machten sich auch im Schiffbau noch bemerkbar. So lag 1765 eine bei Dierling gebaute Galeasse aus bestem Eichenholz lange Zeit in Stralsund ungenutzt und ungetakelt. Sicher war dem Auftraggeber das Geld ausgegangen, und selbst das dreimalige Aufgebot in den Kirchen der Stadt brachte noch keinen einzigen Käufer.

Wie so oft in der Geschichte, förderten oder hemmten Kriege auch den Schiffbau. Die amerikanischen Freiheitskriege wirkten sich förderlich aus, und die Schiffbauer konnten mit der Auftragslage zufrieden sein.

Nicolaus Dierling stand der Werft von 1764 bis 1826 vor, und er übertrug die Kunst des Schiffbaus auf seinen Sohn Johann Daniel Dierling, der ab 1827 das Unternehmen leitete und es dann an Heinrich Dierling übergab, unter dessen Leitung bis 1880 die Werft zu großem Ansehen gelangte.

Aus der Vielzahl der vom Gründer der Werft erbauten Schiffe sind nur noch wenige bekannt: 1810 entstand die 92 Lasten große Galeasse ST. JOHANNES, im gleichen Jahre die Slup-Galeasse VENUS mit 78 Lasten und 1815 die Brigg MINERVA mit 75 Lasten. Alle drei Schiffe waren von der Barther Reederei J. Struck & Sohn in Auftrag gegeben worden.

1867, als unter anderem der Schoner FRIEDRICH II. von Heinrich Dierling entworfen wurde, beschäftigte die Werft 23 Zimmergesellen, vier Lehrlinge, einen Takler, je einen Grobschmied und Blockmacher sowie je zwei Nagelschmiede und Seiler. Drei Schiffe wurden in diesem Jahre gebaut. Dazu waren 24 000 Kubikfuß Eichenholz, 3300 Kubikfuß Buchenholz, 932 Zentner Eisen einschließlich der Anker und Ketten sowie 43 Zentner Messing notwendig.

Die Arbeitszeit betrug täglich zwölf Stunden. Da blieb für die Gesellen kaum Zeit, am Abend in das eigene Haus zurückzukehren. So wohnten die meisten von ihnen, die aus der Umgebung von Damgarten kamen, die Woche über auf der Werft und verbrachten lediglich die Sonn- und Festtage bei ihren Familien. Am Sonnabend, vielleicht erst am späten Nachmittag, mußten dann jeweils Entfernungen zwischen zehn und fünfzehn Kilometern bis zum Heimatort zurückgelegt werden, und am Montag hieß es schon wieder kurz nach Mitternacht aufstehen, um rechtzeitig am Arbeitsplatz zu sein.

Der Schiffszimmermann verdiente am zwölfstündigen Arbeitstag 17 Silbergroschen und acht Pfennige, das waren 1,78 Mark. (Ein Pfund Zucker kostete um 1870 etwa 15, ein Pfund Mehl 10, ein Pfund Butter 60 bis 70 und ein Liter Milch 10 Pfennige.)

Die Schiffe wurden bei Dierling beil- und bohrfertig, das heißt in der Zimmermannssprache in der Holzarbeit fertig, aber noch nicht ausgerüstet, geliefert.

Riesige Holzstapel kennzeichneten das äußere Bild der Werften. Das Baumaterial mußte gut abgelagert sein, und dafür waren in der Regel sieben Jahre notwendig. Sonst konnte es geschehen, daß sich bei zu jungen Balken und Planken der Schiffskörper verzog. Nachdem der Eichenkiel gestreckt und die Steven eingefügt waren, begannen die Bohlensäger mit ihrer schweren Arbeit und sägten aus dem Eichen- oder Buchenholz zolldicke Bohlen. Das Holz stammte meist aus der Rostocker Heide oder aus dem Darßer Wald. In einem großen Kessel, der sogenannten Dampfkiste, wurde das Holz »gekocht« und zum Biegen vorbereitet. Ein Schnürboden, die Pechküche, eine Tischlerei sowie einige Schuppen zur Unterbringung des Werkzeuges, der

Rahschoner »Regulus« unter Kapitän Wallis. Heimathaus Zingst

Schablonen und anderer Dinge rundeten das Bild einer Werft ab, zu dem dann allerdings noch die Unterkunft für die Handwerker mit Schlaf- und Kochgelegenheiten sowie das »Bureau« des Werftbesitzers und Schiffbaumeisters gehörten.

War der Rumpf schließlich emporgewachsen und der Schiffskörper fertig, bereitete sich alles zum Stapellauf vor. Ein festliches Ereignis nicht nur für die Dierlingsche Werft, sondern für ganz Damgarten. Mit Musik und Flaggenschmuck, mit einer zünftigen Rede des Schiffszimmerpoliers und mit einem ordentlichen Schluck wurde das Schiff von der Helling, diese dick mit Tran und grüner Seife eingeschmiert, zu Wasser gelassen. Auch der zukünftige Schiffer war beim Stapellauf dabei, von seiner Familie begleitet. Er hatte den Bau des Schiffes verfolgt und führte nun stolz seine Frau, die Kinder, vielleicht auch die Eltern auf die neue Bark, in die eigene Kajüte oder in die Kammern des Steuermanns und des Schiffszimmermanns, in die Kombüse. Er zeigte voll Stolz die Laderäume, die Vorratskammern, die Segelkammer. Der Name des Schiffes war noch mit Blüten- und Blumengirlanden verdeckt.

Schwerer Weg durch den Bodden

Doch das Schiff war noch nicht fertig, wegen der geringen Wassertiefe des Boddens konnte die vollständige Ausrüstung auf der Werft in Damgarten nicht erfolgen. Besonders bei größeren Fahrzeugen war man gezwungen, sich einen Ausrüstungsplatz in einer Stadt mit einer größeren Werft und größeren Wassertiefe zu suchen. Oft hieß das Ziel Stralsund. Der Weg dahin war bisweilen voller Hindernisse, wie das Logbuch der Bark JOHANN DANIEL, gebaut 1856 bei Dierling, aussagt. Am 1. September 1856 fand der Stapellauf statt, doch erst am 3. Juni des darauffolgenden Jahres hatte die Bark Stralsund erreicht. Der Anfang der Reise war gut verlaufen, die Bark legte sogar ein Stück unter Segeln zurück. Doch die Fahrt im Spätherbst mit dem früh einsetzenden Frost verzögerte sich immer mehr. Die JOHANN DANIEL lief mehrfach auf Grund, wurde schließlich von sechs Jachten an schweren Tauen gehoben und wieder flottgemacht. Im Nadelstrom geriet sie erneut auf eine Untiefe. Dieses Mal aber so weit, daß der Strom erst ausgebaggert werden mußte, um das Schiff wieder in Fahrt zu bringen. Hinter dem Zingster Strom rissen einige Jachten los und mußten erneut abgesenkt werden: die Jachten wurden zuerst mit Wasser vollgepumpt, bekamen dadurch einen großen Tiefgang, wurden dann durch Ketten oder Taue, die unter dem Rumpf der Bark hindurchführten, miteinander verbunden, worauf das Wasser aus den Jachten wieder herausgepumpt werden mußte. Sie hoben dadurch die

Bark, deren Tiefgang somit verringert wurde. Ein umständliches Verfahren, aber anders bekam man die großen Schiffe weder aus Ribnitz noch aus Damgarten heraus. Auf dem letzten Wege bis Stralsund schleppte ein Dampfboot die Bark.

Ein Schiff gab vielen Menschen Brot. An ihm verdienten Holzhändler und Fuhrleute, Tischler, Maler, Bildhauer, aber auch Krämer, Fleischer und Bäcker, um nur einige Berufe zu nennen. Die Baukosten einer Bark von 381 Registertonnen im Jahre 1860 betrugen genau 99 458,63 Mark. Über 50 Prozent davon entfielen auf die Kosten für den Schiffbaumeister. Er erhielt für sich und die Schiffszimmerleute 52 500 Mark.

Gezahlt wurden ferner für

Beruf	Mark
Reifer	3 828
Segelmacher	2 791
Schmied	5 751
Kupferschmied, Klempner	651
Blockmacher	1 583
Gelbgießer	604
Bildhauer	319
Böttcher/Tischler	3 026
Maler	746
verschiedene Handwerker	916
Vermessung, Registrierung und Feuerversicherung	279
Auslagen des Kapitäns	901
Auslagen und Provision des Korrespondentreeders	20 978
Diverses	4 579

Unter Diverses konnten beispielsweise auch die Mieten für die zur Überführung der Bark benötigten Jachten abgerechnet werden, und diese Miete betrug pro Jacht immerhin 1000 Mark. Der Reifer lieferte komplett das gesamte stehende und laufende Gut, der Segelmacher hatte etwa 30 Segel anzufertigen.

Die Werft von Dierling baute für ihre Auftraggeber folgende Schiffstypen: Schaluppe, Schoner, Schonerbark, Brigg, Bark, Jacht, Galeasse, dänischer Schoner, spanische Schonerbrigg, Brigantine, Dreimastschoner, Gaffelschoner, Schonergaleasse, Slup-Galeasse und dänische Schaluppe. An der Spitze standen die Schoner, Briggs und Barken.

Das größte Schiff war die 1860 fertiggestellte Bark CARL FRIEDRICH, vermessen mit 460 Registertonnen. Sie hatte eine Länge von knapp 40 Metern, eine Breite von über 9 und einen Tiefgang von fast 5,5 Metern. Das letzte bei Dierling gebaute Schiff: die Bark CARDINAL, 358 Registertonnen groß. Sie wurde 1879 an den Stralsunder Reeder C. A. Beug abgeliefert.

Zu dieser Zeit und noch lange danach machte der 1869 vollendete Dreimastschoner GRAF BEHR-NEGENDANK viele Reisen. Für den Kapitän Kindorf aus Damgarten ursprünglich gebaut, wurde er später an die finnische Reederei Anderson auf den Alands-Inseln verkauft und in BJÖRN umgetauft. Dieser Dreimastschoner legte Zeugnis dafür ab, daß auf der Dierlingschen Werft solide und dauerhafte Arbeit geleistet wurde. Während für die meisten Segelschiffe die Einsatzzeit mit etwa 30 Jahren abgelaufen war und sie dem Abwracker zum Opfer fielen, war die BJÖRN noch 1919 im östlichen Teil der Ostsee unterwegs. So geht es aus dem Register des Germanischen Lloyd hervor, in das 1895 siebzehn in Damgarten gefertigte Schiffe eingetragen waren, 1903 nur sechs, 1911 lediglich zwei und 1919 schließlich als einziges die ehemalige GRAF BEHR-NEGENDANK.

Mit dem Rückgang der Segelschiffahrt war das Ende der Werft von Dierling gekommen, die sich ab 1880 auf den Holzhandel umstellte. Es wurden zwar noch einige Leichter für russische Rechnung in Auftrag gegeben und vollendet, doch die Schließung dieses alten Betriebes war vorauszusehen. Indirekt konnte sich die Werft noch einige Jahre am Schiffbau beteiligen: Die Zimmerleute in Damgarten schnitten aus Eichen Bohlen, die auf Rostocker Werften Verwendung fanden. Zu dieser Zeit, um 1900, waren auch die anderen Schiffbauplätze im Territorium verwaist, darunter auch die bekannten Plätze in der Stadt Barth.

Gewerbe mit Tradition

Der Schiffbau hatte in Barth ebenso wie in Ribnitz und Damgarten eine lange Tradition. Urkundliche Nachrichten liefern dafür auf vielfältige Art und Weise die Akten des Magistrats. Daraus geht unter anderem hervor, daß der Barther Peter Niemann bereits 1725 eine Partie Schiffbauholz erhielt. 1742 war die Rede von der Errichtung eines Schiffbauplatzes. In der Folgezeit häuften sich die Schreiben an den Rat und den Senat mit Bitten um Holzlieferungen und Baugenehmigungen. Zur gleichen Zeit aber kamen auch Klagen auf über den Mangel an Schiffszimmerleuten. Ein Brief vom 7. Mai 1781 unterstrich das: »Wir sind nicht nur auf der Bartheschen Schiffswerft mit der Erbauung einiger Schiffe beschäftigt, sondern haben auch bereits das Schiffsholz für mehrere liegen. In diesem Schiffbau werden wir aber dadurch aufgehalten und am ferneren behindert, daß die inländischen Schiffszimmerleute, besonders die vom Darß, häufig nach dem

Preußischen und Mecklenburgischen hingelotst werden und wir dadurch zu unserem großen Nachteil einen Mangel an diesen Arbeitern um so mehr erfahren müssen. Sogar die Schiffbaumeister Hauenstein aus Born und Praening aus Wieck stehen im Begriff, nach Mecklenburg zu gehen, um hier einige Schiffe zu bauen.« Die Unterzeichner des Briefes baten die Königlich Schwedische Regierung um Maßnahmen, die diese Abwanderung aufhalten sollten.

Sicherlich waren zu dieser Zeit Arbeitsbedingungen und Löhne außerhalb von Barth besser, denn die Barther erhoben 1783 erneut Klage. Deren Gegenstand waren die ständig steigenden Löhne der Schiffszimmerer und die unentgeltliche Verabreichung von Bier und Branntwein auf den Werften des Fischlandes und in Ribnitz. In Barth arbeiteten um diese Zeit etwa 20 Schiffszimmerleute. Ihr Lohn an kürzeren Tagen, das war die Zeit vom 23. Oktober bis zum 23. Februar, betrug 20 Schillinge pro Tag, an längeren Tagen 24 Schillinge. Der Arbeitstag begann um 6 Uhr und endete um 18 Uhr. Bei Überstunden gab es zwei Schillinge pro Stunde.

Mit der Entwicklung von Schiffbau und Schiffahrt gelangte Barth in der zweiten Hälfte des vergangenen Jahrhunderts zur damals höchsten Blüte. 1868 waren 134 Seeschiffe hier beheimatet. Auf dem Stapel befanden sich in diesem Jahre drei Barkschiffe, zwei Schoner und vier Jachten. 140 Zimmerleute arbeiteten auf den Werften von Holzerland, Witte und Kraeft.

Insgesamt besaß Barth folgende Werften und Schiffbaustellen (letztere verfügten nicht über die technischen Mittel wie eine Werft, z. B. über eine größere Slipanlage):
Werften:
Böhl, Behncke, Schlöhr, Kraeft, Holzerland und Braunschweig, oftmals über mehrere Generationen hinweg. Dazu gehörte noch die Werft von Brackenhagen in Barthe bei Barth.
Schiffbaustellen:
Niemann, Kirchhoff, Liegnitz, Schelle, Casten, Ehlert, Siewert, Kraeft, Witte und Schröder.

In den Jahren von 1855 bis 1859 entstanden auf der Werft von Holzerland, der größten am Ort, sechzehn Schiffe mit 1872 Lasten, deren Schiffer und Reeder in Barth, Pruchten, Wieck, Breege/Rügen, Prerow, Fuhlendorf und Stralsund beheimatet waren. Auf der Werft von Kraeft wurden vierzehn Schiffe mit 2144 Lasten abgeliefert, auf der von Witte elf Schiffe mit 2001 Lasten. Die Schiffbaustelle von Ehlert verließen sieben Schiffe, auf der Siewertschen Baustelle waren es fünf. In den siebziger Jahren – genau von 1870 bis 1875 – entstanden hier die größten und schönsten Briggs und Barken, darunter die über 500 Registertonnen großen Barken MARIA BERG, ÄQUATOR und KOMMERZIENRAT RODBERTUS. Jedoch war diese Blütezeit kurz und flaute nach 1880 rapide ab. 1890 erhielt der Schiffbaumeister Kraeft vom Magistrat ein Schreiben, in dem die Kündigung des Schiffbauplatzes auf dem Trebin mitgeteilt wurde, weil hier seit drei Jahren schon keine Schiffe mehr gebaut worden waren.

Im Jahre 1877 besaß die Stadt Barth 178 See- und 16 Küstenschiffe sowie einen Dampfer. Strandungen und andere Unglücksfälle trafen auch diese Flotte. Häufig handelte es sich um Totalverluste. Beispiele sollen das belegen. Die Verluste waren ausschließlich auf Naturgewalten und auf gefährliche Fahrwasser zurückzuführen, nicht auf die Arbeit der Schiffbaumeister.

Schwer traf es die Brigg ULRICH VON HUTTEN aus Barth, geführt von Kapitän Scharmberg aus Zingst. Ein heftiger Sturm fegte in der Nacht vom 21. zum 22. Oktober 1876 über die Nordsee. Das Schiff befand sich auf der Reise von Danzig nach Gent und hatte Eichenschwellen geladen. Was sich in dieser Nacht und in den darauffolgenden Tagen an Bord abgespielt hat, dafür gibt es keine Zeugen. Aber am 4. November fand der schwedische Dampfer EYNAR in der immer noch tobenden See ein völlig zerschlagenes und hilfloses Wrack, das ein Spielball der Wellen war. Nach mühevoller Arbeit gelang es der schwedischen Mannschaft, eine Leine an der ULRICH VON HUTTEN zu befestigen und sie abzuschleppen. Ein Bild des Grauens bot sich den Matrosen. Alles war von Deck gewaschen. Das Deck lag reichlich einen Fuß unter Wasser. Von der neunköpfigen Besatzung gab es keine Spur mehr.

Ein anderes Unglück, bei dem der in Barth im Jahre 1869 gebaute Dreimastschoner JOHANN HOLZERLAND verlorenging; ereignete sich genau zehn Jahre nach der Indienststellung des Schiffes. Darüber schrieb der kaiserliche Konsul in Brasilien, Louis Fraeb, an die preußische Regierung nachfolgenden Brief, von dem eine Abschrift an den Reeder J. C. Beug in Barth ging. »Rio Grande do Sul, dem 7. November 1879.

In der NACHT vom 1. auf den 2. d. II. M. strandete an der Küste dieser Provinz; circa 6 – 7 brasil Meilen (leguas) südlich von der Rio Grande Barre in der Nähe von Tahim im diesseitigen Konsularbezirk der deutsche 3-Mast-Schoner JOHANN HOLZERLAND, heimatlich in Barth, geführt vom Kapitän L. F. Ziepcke, kommend von Rotterdam mit einer Ladung Stückgüter, bestimmt für Buenos Aires. Das Schiff hatte die Insel Sao Sebastiano angelaufen, um zu reparieren. Die Strandung ist laut Aussage des Kapitäns in Folge Versetzung durch Strömung erfolgt. Schiffer und die ganze Mannschaft rettete sich in den Booten. Das Schiff ist ganz verloren und der Schiffskörper unter Wasser; es war der starken Brandung wegen unmöglich, an das Schiff heranzukommen. Das Schiff hält nicht mehr zusammen und die Ladung, bestehend zum größten Teil aus Genever in allen Verpackun-

Steuerstand

gen und Beiladung von Bier, Marmorfliesen und anderen Gütern,
kommt bereits in bedeutenden Quantitäten an den Strand und wird
von der Mannschaft des Schiffes und denen mir angestellten Hilfsarbeitern unter Aufsicht der bevollmächtigten Vertrauensperson soviel
wie möglich geborgen, bis der inzwischen unverzüglich von mir mit
Zustimmung des Kapitäns angeordnete öffentliche Verkauf des
Schiffes und der ganzen Ladung in dem Zustand, wie sie sich befindet, erfolgt ist. Am heutigen Tag sollte die Auktion sowohl über das
Schiff als auch über die Ladung stattfinden, doch hielt ich es im Interesse der Beteiligten für angemessen, den Verkauf der Ladung bis morgen zu verschieben und heute nur das Schiff zu verkaufen, da noch
fortwährend Teile der Ladung an den Strand kommen und diese somit das Ergebnis des Verkaufs bedeutend erhöhen.

In einem Brief, der am 5. d. M. durch einen Eilboten hier eintraf,
teilte der Kapitän mir seinen Unfall mit und bat um Beistand: Ich
sandte sofort den Angestellten des Konsulats an den Strandungsort,
welcher die Mannschaft in einem sehr hilflosen Zustand vorfand, die
Leute haben nur das nackte Leben gerettet. Sogar die Schiffspapiere
wurden erst am 4. d. M. in Gegenwart des Konsulatsbeamten mit gro
ßen Schwierigkeiten von Bord geholt, die Mannschaft war erst nach
langem Zureden zu bewegen, gegen die Brandung anzukämpfen und
an das Schiff zu rudern, welches schon drei Fuß Wasser über Deck
hatte. Zweimal mißlang der Versuch, beim dritten Mal kam das Boot
glücklich ans Schiff. Die Leute holten die Papiere, bargen einige Segel
und Effekten, mußten aber das Schiff bald schleunigst wieder verlassen des höheren Seegangs wegen. Auf dem Rückwege zerschellte das
Großboot am Strande in der Brandung, und die Leute retteten sich
durch Schwimmen; die Papiere wurden an Land gespült.

Da die Mannschaft keinen Proviant gerettet hatte, so hatte dieselbe anfangs sehr viel zu leiden, da der Strandungsort meilenweit von jeder menschlichen Wohnung entfernt ist. Endlich nahm sich der Subdelegado der Polizei in Tahim, namens Bento Venancio Soaros Filho, der Schiffbrüchigen in der aufopferndsten Art an, sobald er Kenntnis von dem Unfall erhalten hatte. Im übrigen sei noch erwähnt, daß von den hiesigen Behörden, sowohl in Tahim wie in Rio Grande die nötigen Polizei- und Zollbeamten an den Strandungsort gesandt sind, welche im Verein mit den von mir hingesandten Arbeitern, der Vertrauensperson und der Besatzung des Schiffes bestens dafür sorgen, daß nichts von den gestrandeten Gütern abhanden kommt, somit die Maßregeln zur Sicherstellung der Interessen bestens getroffen sind. Den Kapitän des gestrandeten Schiffes ließ ich hierher kommen, um den öffentlichen Verkauf anzuordnen und demselben beizuwohnen. Die Mannschaft wird, nachdem auch die Ladung verkauft, ebenfalls hierher kommen und für dieselbte nach den Bestimmungen der Seemannsordnung gesorgt.

Dem Reeder des Schiffes, Herrn J. C. Beug in Barth, machte ich auf Wunsch des Kapitäns am 3. November 1879 telegraphisch Anzeige von dem Verlust des Schiffes.«

Bekannte Schiffbaumeister

Der Großschiffbau begann in Ribnitz im Jahre 1781. Am 12. November liefen auf der Saniterschen Werft zwei Schiffe vom Stapel, worüber es im Ribnitzer Stadtbuch heißt: »Die Schiffe waren von einer unerhörten Größe, 50 bis 60 Lasten groß – einer Größe, die seit Jahrhunderten nicht dagewesen. Sie hatten sich auch keine gewöhnlichen und alltäglichen Paten ausgesucht; sie nannten sich vielmehr FRIEDRICH FRANZ HERZOG VON MECKLENBURG und LOUISE HERZOGIN ZU MECKLENBURG. Als der 12. November angebrochen war, machte sich die ganze Stadt und auch die Umgebung auf die Beine. Galt es doch, einem großen Schauspiel beizuwohnen. Unter Trompetenklang und Kanonenschall, unter den begeisterten Rufen der Menge ging der Stapellauf glücklich vonstatten. Darauf zog die nicht geringe Zahl der Schiffszimmerleute und Schiffer von der Werft mit Musik zur Stadt, und dann ließ es sich Saniter nicht nehmen, die hiesige Noblesse und Bürger von Extraktion anständig zu bewirten.«

Sofort nach dem Stapellauf der beiden Schiffe legte Saniter zwei neue Schiffe auf die Hellinge. Saniter war kein Schiffbaumeister, sondern ein geschäftstüchtiger Kaufmann und Steuereinnehmer. Wahrscheinlich war er der erste Korrespondentreeder in der Ribnitzer Gegend. Die Bauunterlagen für seine Schiffe wird Saniter aus dem benachbarten Damgarten übernommen haben, wo zu dieser Zeit der Schiffbau bei Nicolaus Dierling schon in hoher Blüte stand. Die Werft von Saniter wurde wahrscheinlich ein Opfer des Niedergangs der Schiffahrt um 1813.

Eine weitere bedeutende Ribnitzer Schiffswerft wurde 1825 eröffnet. Sie gehörte Johann Carl Peters. Er stammte gleichfalls aus Bartelshagen II, ging bei Nicolaus Dierling in Damgarten in die Lehre und machte sich dann in Ribnitz selbständig, wo er 1825 das Bürgerrecht erworben hatte. Der Start von Peters in Ribnitz war nicht leicht, denn die Konkurrenz in Damgarten und Barth war groß. Doch auch auf der Werft von Peters wurden durch die allgemeine Belebung des Schiffbaus Neubauten in Dienst gestellt. So zum Beispiel im Jahre 1837 die Brigg ARIADNE mit 200 Registertonnen. Das Schiff hatte einen Wert von 8600 Reichstalern. Es wurde von Kapitän P. Niemann jun. übernommen und hatte zehn Mann Besatzung. Der Heimathafen war Rostock, der Reeder E. Brockelmann. Im Jahre 1841 entstand auf der Werft von Peters die Brigg CLARA MATHILDE. Dieses Schiff hatte 217 Registertonnen und einen Wert von 11400 Reichstalern. Erster Kapitän war J. P. Voß. Seine Besatzung bestand aus 12 Mann.

Als Schiffbaumeister Peters starb, übernahm 1846 sein Nachfolger, Schiffbaumeister Hans-Ludwig Miebrodt, 1800 in Damgarten als Sohn des Schiffers Miebrodt geboren, den Betrieb. Die gute Geschäftslage veranlaßte den Schiffbaumeister, an den Rat und die Bürgerschaft der Stadt den Antrag zu stellen, das Betriebsgelände zu vergrößern. Dieser Erweiterung wurde stattgegeben, und insbesondere nutzte sie sein Sohn Julius Miebrodt. Bei ihm entstanden vorwiegend Schiffe für Hamburger Rechnung. Vereinzelt besaßen sie Größen bis zu 250, ja sogar 350 Lasten. Bei Miebrodt lief u. a. 1856 die Brigg VON BUCH-WENDORF, 240 Registertonnen, vom Stapel. Sie hatte zehn Mann Besatzung und kostete 19000 Reichstaler. 1857 folgte die kupferfeste Bark BARON MEYDELL-SEEFELD, 11 Mann Besatzung. Der Wert des Schiffes betrug 28500 Reichstaler. Durch einen Vertrag im Jahre 1876 ging das Nutzeigentum der Miebrodt-Werft auf den Schiffbaumeister Carl Heinrich Staben, Sohn des Ribnitzer Kapitäns H. P. Staben, über. Auch Staben hatte bei Dierling in Damgarten den Schiffbau erlernt. Staben baute einige Schoner, mehrere Kähne und sogenannte Quatzen, größere Fahrzeuge, die als Fischbehälter dienten. 1894 stellte Staben den Schiffbau fast ganz ein. Später wurden auf der Werft auf Grund der wirtschaftlichen Lage nur noch einige kleine Dampfer und Fischereifahrzeuge gebaut.

Die bedeutendste Werft in Ribnitz gehörte Johann Heinrich Wilken und seinen Nachfolgern. Er und sein Sohn Johann waren gleichfalls in dem nun schon berühmten Bartelshagen II geboren worden. Der Vater, Johann Heinrich, hatte seit 1829 als Schiffszimmergeselle

Foto aus einem Matrosenhaus, Großvater 1890

auf der Petersschen Werft gearbeitet. Am 18. Januar 1840 wurde ihm das landesherrliche Schiffbaumeister-Privilegium verliehen. Im gleichen Jahre eröffnete er in Ribnitz seine Werft, nachdem ihm vorher auf Antrag das Bürgerrecht verliehen worden war. Sein Sohn trat gleich nach der Konfirmation in die Werft ein. Er erlernte das Schiffbauhandwerk bei seinem Vater durch persönliche Überlieferung. Zu dieser Zeit war das die wichtigste Quelle der Erfahrung, da es an Literatur mangelte, obwohl die Anforderungen an den Schiffbau schon beträchtlich gestiegen waren. Nicht zuletzt aus diesem Grunde war in Stettin die Königlich-Preußische Schiffbauschule eingerichtet worden, eine der ganz wenigen höheren Lehranstalten für den Schiffbau in jener Zeit. Auch der junge Wilken ging nach Stettin, wenngleich seine finanziellen Verhältnisse einen Schulbesuch nicht erlaubten. Dort vervollkommnete er seine Kenntnisse bei bekannten Schiffbaumeistern. Die Hafen- und Werftstadt Stettin war damals das wohl bedeutendste Schiffbauzentrum an der Ostsee. 1853 brach der junge Wilken seine Ausbildung in der Stadt an der Oder ab, da der Vater gestorben war und die Werft den Nachfolger nun selbst benötigte. Bis 1860 leitete die Mutter den Betrieb. Im gleichen Jahre erhielt Johann Wilken das landesherrliche Schiffbaumeister-Privilegium, wurde Ribnitzer Bürger und konnte fortan die Werft selbständig führen. Die Lebensarbeit von Wilken jun. fällt zusammen mit der Blütezeit der Segelschiffahrt. Die Werft lag vor dem Rostocker Tor am Körkwitzer Weg und hatte eine Gesamtfläche von 106 mal 96 Metern, etwa 10 200 Quadratmeter. Für große Schiffe waren zwei Hellinge vorhanden, das Hafenbecken hatte eine Breite von 20 Metern.

Wenn auch die Werft nahe am freien Fahrwasser lag, wirkten sich die Wasserverhältnisse im Bodden nicht günstig aus. Auch die Werften in Damgarten und Barth hatten darunter zu leiden. Auf Veranlassung der Regierung wurde deshalb eine Fahrwasserrinne bis Damgarten geschaffen, an die sich von Ribnitz aus Stichrinnen anschlossen. Insgesamt begrenzte die geringe Wassertiefe den Bau von Schiffen auf eine bestimmte Größe.

In den Zeiten guter Auftragslage arbeiteten bei Wilken 30 bis 40 Schiffszimmerleute. Sie bauten von 1840 bis 1878 insgesamt 54 Segelschiffe, davon 40 allein in der Zeit von Wilken Junior. Oft lagen bei ihm zwei größere Schiffe gleichzeitig auf dem Stapel. Gebaut wurden überwiegend Briggs und Schoner, aber auch Barken, darunter eines der letzten und größten der je in Ribnitz fertiggestellten Schiffe, die Bark PRÄSIDENT TROTSCHE. Sie hatte 504 NRT Rauminhalt und 760 Tonnen Tragfähigkeit. 1876 übernahm Kapitän Carl A. Niejahr aus Dändorf das Schiff. Die Bark hatte eine Länge von über 45 Metern und war fast 9 Meter breit. Ihr Tiefgang betrug über 5 Meter. Das Schiff war die größte schwimmende Einheit, die das Ribnitzer Werftgelände zuließ. Der einst bekannte in Wustrow lebende Kapitän Albert Kriemann, der selbst auf der PRÄSIDENT TROTSCHE als Matrose fuhr, hat ein prächtiges Modell der Bark angefertigt.

Die Hauptproduktion der Wilkenschen Werft lag zwischen 1840 und 1860/70. Mit dem Abflauen des Seglergeschäfts wandte sich Wilken dann auch dem Bau von Küstenfahrzeugen, Küstenschonern und Galeassen zu, meist auf pommersche Rechnung. Diese Bautätigkeit währte bis 1894, dann mußte die Werft immer mehr auf Schiffsreparaturen übergehen. Es soll nicht unerwähnt bleiben, daß auf der Werft auch zwei Dampfschiffe entstanden: 1880/81 der Raddampfer VEREIN und 1883 die Schrauben-Dampfquatze RENATE. Der Dampfer VEREIN hielt viele Jahre den Verkehr zwischen Ribnitz und Wustrow aufrecht.

Von den 54 Segelschiffen, die bei Wilken von 1840 bis 1878 vom Stapel liefen, hatten 50 Rostock zum Heimathafen. Ein Schiff ging an einen Reeder nach Wismar, eines nach Altona und zwei blieben in Ribnitz.

Verzeichnis der auf der Werft von J. H. Wilken in Ribnitz erbauten Seeschiffe

Bau-jahr	Typ	Name	Länge in Fuß	Tragfähigkeit (bis 1871 in Lasten ab 1872 in Tonnen)
1840	Brigg	ERBHERZOG FR. FRANZ	77	
1840	Brigg	ELLIDA	73	
1841	Brigg	P. J. BEHNK	64	
1842	Brigg	PALEMEDES	77	
1846	Brigg	VIER BRÜDER	80	
1847	Brigg	DIOGENES	86	
1847	Brigg	HEINRICH	84	
1847	Brigg	PALLAST	88	148
1847	Brigg	FRANZ & ERNST	86	126
1848	Brigg	SIRENE	84	126
1848	Brigg	CANANDRA	90	135
1848	Brigg	JOHANN HEINRICH	86	
1848	Brigg	v. SCHACK-REY	90	210
1852	Bark	GRAF HAHN BASEDOW	97	
1853	Bark	ERNST & ELISE	114	193
1853	Brigg	EUROPA	80	
1853	Brigg	JULIUS	88	
1854	Brigg	GALILEI	97	154
1855	Brigg	MARIE BROCKELMANN	94	
1855	Brigg	FR. HANNEMANN	92	
1855	Schonerbark	LOUISE BROCKELMANN	96	130
1855	Brigg	C. H. SEAMAN	82	
1856	Brigg	THEODOR REIMARS	96	111
1856	Bark	GO AHEAD	114	215
1856	Brigg	OSTSEE	96	120

Bau-jahr	Typ	Name	Länge in Fuß	Tragfähigkeit (bis 1871 in Lasten ab 1872 in Tonnen
1857	Brigg	EGERIA	96	117
1857	Bark	HEBE	100	
1858	Brigg	CHRISTIAN HEINRICH	96	117
1859	Brigg	ARCHIMEDES	94	114
1859	Schoner	RICHARD & ADOLPH	80	84
1860	Brigg	CELANY	80	96
1860	Schoner	DORIS MENTZ	80	88
1861	Brigg	BAUMEISTER WILKEN	96	128
1861	Brigg	WARNOW	80	102
1861	Brigg	LEO	90	
1862	Brigg	v. SCHACK-RETCHENDORF	84	108
1863	Bark	UHLAND	104	
1864	Brigg	GLORIA	94	130
1864	Schoner	NORDSEE	86	90
1866	Brigg	NICOLAUS	102	140
1866	Schoner	LOUISE	86	
1866	Brigg	ERNEST KUYPER	102	141
1868	Bark	PETER SUPPICICH	121,5	215
1871	Schonerbrigg	EUGEN & ELISE	97,5	
1873	Schoner	JUANITA	83	200
1874	Schonerbrigg	FERDINAND HOLDING-HAUSEN	97,5	345
1875	Schoner	GUSTAV WILHELM	87,5	200
1875	Küstenschoner	CIERUS	68	115
1876	Bark	PRÄSIDENT TROTSCHE	135,5	760
1876	Küstenschoner	ELISE	71,5	120
1877	Küstenschoner	MARIE SOPHIE	73	130
1877	Dreimastschoner	BALTHASAR	114	415
1878	Schonerbrigg	ARTHUR HUNTLEY	100	350
1878	Rahschoner	FALKE	88	225

Einige Angaben zur Erläuterung der Maße, Räume und Massen: Längen-, Breiten- und Tiefenmaße sind im allgemeinen Daten in englischen Fuß, 1 Fuß = 30,48 cm. Lasten: 1 Kommerzlast = 1 Wismarer Roggenlast = 6000 mecklenburgische Pfund = 3 Tonnen. 1 Ostseelast = 1 Normallast = 4000 mecklenburgische Pfund = 2 Tonnen. 1 Tonne = 1000 kg.

Bei den in Ribnitz gebauten Schiffen handelt es sich größtenteils um Kommerzlasten, bei den in Damgarten gebauten um Normallasten.

Registertonnen und Rauminhalt: 1 Registertonne (RT) = 100 englische Kubikfuß = 2,83 Kubikmeter.

Bruttorauminhalt = fast der gesamte seefest abgeschlossene Innenraum des Schiffes, gemessen in BRT.

Nettorauminhalt = Raum für Ladung und Fahrgäste, also Bruttorauminhalt abzüglich aller Räume für Antriebsanlagen, Brennstoffe, Besatzung, Schiffsführung und anderes, gemessen in NRT.

Die unterschiedlichen Maße und Gewichte in den europäischen und überseeischen Ländern erschwerten den Handel. Um 1840 gab es beispielsweise folgende Einteilungen:

Rußland	1 Last	= 120 Pud
Schweden	1 Neulast	= 100 Zentner
Norwegen	1 Kommerzlast	= etwa 60 Zentner
Deutschland	1 Schiffslast	= 40 Zentner
	1 Tonne	= 20 Zentner

Auch Großbritannien, die USA, die Niederlande, Belgien, Frankreich, Spanien, Österreich und Griechenland rechneten – mitunter nur wenig voneinander abweichend – mit verschieden großen Schiffslasten. Die Tonne hatte 20 bis 25 Zentner.

Über 900 Seeschiffe

Der Schiffbau im Territorium Barth – Ribnitz war innerhalb zweier Jahrhunderte ein ganz wesentlicher Wirtschaftszweig. Von 1781 bis 1900 wurden hier über 900 Seeschiffe gebaut. Dazu kamen noch mehrere hundert kleine Schiffe, die im küstennahen Bereich oder auf dem Bodden verkehrten.

Eine Aufschlüsselung nach den vorliegenden Unterlagen ergibt für die einzelnen Orte das folgende Bild:

Ort	Anzahl der Werften oder Schiffbaustellen	Anzahl der gebauten Seeschiffe
Barth	17	484
Ribnitz	7	139
Damgarten	2	80
Zingst	7	77
Fuhlendorf	6	40
Wieck		25
Prerow	3	24
Barthe	1	17
Michaelsdorf	4	12
Bresewitz	1	3
Maienkraeft		2
Neuendorf	1	1
Saal	1	1

An der Spitze der Schiffstypen standen Briggs (214), es folgten Rahschoner bzw. Schonerbriggs (207), Barken (126), Galeassen (125), Schaluppen (80), Gaffelschoner (45), ferner Jachten, Dreimastschoner, Schonerbarken, Brigantinen, Hukergaleassen, Gallioten, Schmacken, Slupgaleassen und Schonergaleassen.

Das letzte in Zingst gebaute Schiff lief 1891 vom Stapel, eine kleine Galeasse, auf der Hans Friedrich Wilhelm Rakow aus Zingst fuhr, einer der letzten Kapitäne aus der großen Zeit der Segelschiffahrt.

Er erzählte 1978 unter anderem, daß er mit der AUGUSTE seine erste Reise machte. Das war vor 1914. Sie ging mit Zement von Stettin nach Kopenhagen. Von der Ostseefahrt trennte sich Rakow aber bald. Später, als Steuermann auf der ALIDA aus Bremen, lernte er die Häfen der Welt kennen. Der Zingster war in Java und Australien, in Afrika und Europa. Der spätere Kapitän und Lotse hatte auch in hohem Alter noch Freude an der Seefahrt. Mit seinem kleinen Segelboot ERINNE-RUNG war er oft auf den Boddengewässern zu sehen. Erinnerung an eine große Zeit. So wie Kapitän Rakow verbanden viele Schiffer mit dem Namen ihres Seglers, der ihnen die zweite Heimat war, Hoffnungen und Wünsche.

Von den in Barth gebauten 484 Schiffen trugen über 160 weibliche Vornamen, was nicht zuletzt auf die enge Bindung der Eigner zu ihren Familien hindeutete. Allein 16mal tauchte der Name Louise auf. Rund 90 Schiffe hatten männliche Vornamen. Mehr als 50mal standen ein Begriff, eine Eigenschaft bei der Taufe Pate, darunter solche wie Sonne, Perle, Einigkeit, Harmonie, Heimkehr, Vorwärts, Treue, Wohlfahrt, Telegraph, Guter Wind, Daheim, Depesche, Hoffnung (11mal) und Zwei Brüder. 40mal wurden Persönlichkeiten ausgewählt: Es waren dies u.a. Kolumbus, Cromwell, Cicero, Franklin, Homer, Luther, Washington und Wilhelm Tell. Fast 30 Schiffe aus Barth trugen die Namen von Göttern, darunter Jupiter, Mercur, Minerva, Mars, Neptun.

Tier- und Städtenamen sowie geographische Begriffe sind nicht allzuoft anzutreffen. Tiernamen waren Albatros, Adler, Delphin, Schwalbe, Tiger, aus dem Geographischen gab es Bezeichnungen wie Preußen, Peene, Smolensk, Südpol, Äquator. Schließlich fehlten auch die Heiligen nicht: St.Johannes, St.Nicolaus und St.Jacob. Mehrmals fanden Sterne als Schiffsnamen Verwendung.

Niedergang der Segel-schiffahrt, Beginn des Badewesens

Um die Mitte der achtziger Jahre des vergangenen Jahrhunderts setzte langsam, aber stetig, von vielen vielleicht zu spät bemerkt, der Niedergang der Segelschiffahrt an der deutschen Ostseeküste ein. Betroffen davon wie alle anderen waren die Fischländer, Darßer, Zingster, die Ribnitzer und Barther Seeleute und Schiffe. Das große Frachtangebot wie zur Zeit des Krimkrieges war wesentlich zurückgegangen, doch die Anzahl der Schiffe hatte sich kaum verringert, wuchs sogar bis 1869 noch an. Es bestand ein Überschuß an Lademöglichkeiten, die von der einheimischen Wirtschaft und in ausländischen Häfen nicht ausgeschöpft werden konnten. Schiffe lagen auf und brachten damit keinen Gewinn, die Anschaffungskosten, zum Beispiel durch die Verkupferung, erhöhten sich beträchtlich. Zwei andere wichtige Faktoren waren die Nutzbarmachung der Dampfkraft und der Telegraphie für die Schiffahrt. Damals führten die Kaufleute eine ausgedehnte Korrespondenz mit ihren Geschäftsfreunden in vielen Ländern, und sie konnten so den Kapitänen wichtige Hinweise zum Abschluß von Frachten vermitteln. Mit dem Aufkommen des Telegraphen ging jedoch alles viel schneller. Gute Orientierung über die

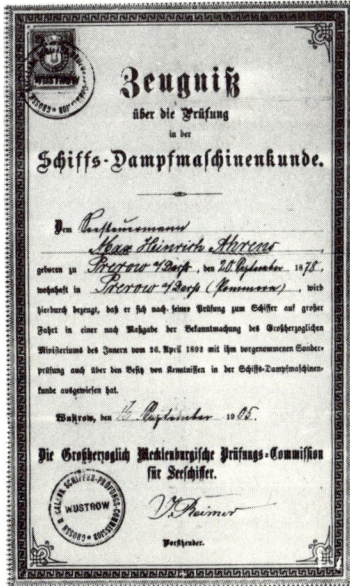

Seemannszeugnisse aus dem Jahre 1905

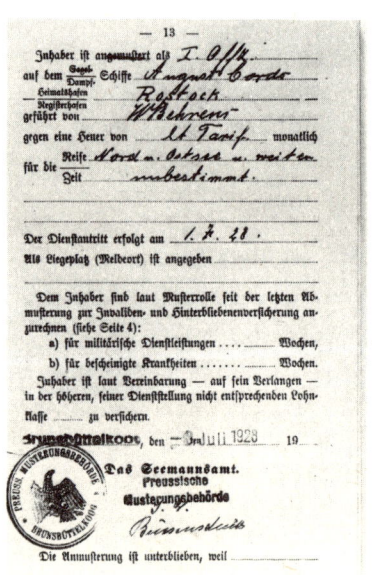

Aus dem Seefahrtsbuch von Kapitän Max Ahrens, Prerow

jeweilige Marktlage versprach die höchsten Gewinne. Die einst so wichtigen persönlichen Verbindungen zwischen den Menschen wurden im Zuge des sich immer stärker herausbildenden Kapitalismus bald gelöst. Auch war die Abhängigkeit der Schiffer von dem Korrespondentreeder immer größer geworden. Dieser Reeder war früher eigentlich nur zum Zweck der Abrechnung und bestimmter Frachtabschlüsse vom Schiffer beschäftigt worden. Erst als die Baukosten einer Bark oder Brigg immer stärker anwuchsen, so daß der Schiffer die ihm vorgeschriebene Beteiligung an der Bausumme aus eigenen Mitteln nicht mehr aufbringen konnte und zum Schuldner des Korrespondentreeders wurde, begann seine wirtschaftliche Abhängigkeit, aus der er nie mehr herauskam. Und so mancher Korrespondentreeder ließ sich in seinem Handeln von der aufkommenden Profitgier beeinflussen, spekulierte mit den ihm anvertrauten Geldern und verspielte sie nicht selten. Sie drückten auch die Frachtraten, ließen ihre eigenen Waren – meist handelte es sich um Getreide – billig verschiffen und steckten hohe Gewinne ein. Eine Folge des Absinkens der Frachtraten ist mit Sicherheit in den ständig größer werdenden Schiffsverlusten zu sehen. Die Kapitäne besaßen nach wie vor ein großes Können, doch die Schiffe konnten nicht mehr auf den neuesten Stand gebracht werden. Die Schiffskörper, das laufende Gut und die Segel verloren an Qualität. Konkurse mußten in zunehmendem Maße angemeldet werden. Manch ein Kapitän unternahm noch einen Schritt der Verzweiflung, indem er zu den vom Gelbfieber verseuchten Küsten Brasiliens und Westindiens fuhr und dort sein Glück versuchte. Das gleiche galt auch für Fahrten mit den zum Teil unversicherten Risikofrachten, wie Petroleum in Fässern oder Sprengstoff. Doch unaufhaltsam war der Niedergang der Segelschiffahrt, verbunden mit dem daraus resultierenden Ansteigen der Arbeitslosigkeit. Ein Teil der seemännischen Bevölkerung sah als letzten Ausweg die Abwanderung zu den größeren Häfen und Reedereien sowie den Eintritt in die englische Handelsmarine. Von jeher bedurfte die englische Handelsflotte einiger tausend ausländischer Seeleute zur Bemannung ihrer Schiffe. Selbst in die Kriegsmarine konnte man eintreten, wenn man sich dazu verpflichtete, sechs Jahre zu dienen. Das kam jedoch nicht häufig vor.

Die gesetzlichen Bestimmungen in England hinsichtlich der nautischen Prüfungen waren nach den Worten des Ribnitzer Kapitäns Max Falck bis 1878 denkbar einfach und auch für Ausländer gleichlautend. Mit der Zunahme fremder Seeleute, besonders aus Deutschland, erfolgte eine Änderung der Bestimmungen. Nunmehr mußte ein Schiffer aus Dierhagen, Born oder Ribnitz um eine Genehmigung zum Ablegen der behördlichen Prüfung bei der Schiffsaufsichtsbehörde in London (Board of Trade) nachsuchen. Dazu waren Ausweise und Zeugnisse in beglaubigter Übersetzung notwendig. Als aber die ersten Ribnitzer Schiffer diese Prüfungen gut überstanden hatten, machte das Schule, und Nachfolger stellten sich rasch ein. Eine schottische Reederei besaß 18 große Segelschiffe, deren Kapitäne restlos aus Deutschland kamen. Dieselbe Reederei sandte ihren Schiffsinspektor, ebenfalls ein Deutscher, als Sachverständigen in einen Parlaments-Ausschuß zur Beratung der von der Seeleute-Gewerkschaft beantragten »Bemannungsvorschriften für Segelschiffe«.

Nach und nach waren über hundert Kapitäne und Schiffsoffiziere
sowie einige hundert anderer Seeleute unter englischer Flagge tätig.
Sie alle kamen zum großen Teil aus dem Gebiet zwischen Ribnitz und
Barth. Die Heuer wurde nach englischem Tarif bezahlt, der beträchtlich über dem in Deutschland lag. Dieses im Ausland verdiente Geld
floß fast ausschließlich in die Heimat zurück, mit der Folge, daß die
Bautätigkeit einen raschen Aufschwung nahm.

Welches Ansehen die mecklenburgischen Seeleute zu allen Zeiten
besaßen, geht auch aus einer von der Seeversicherungsbehörde in
Triest um 1850 ausgearbeiteten Darstellung der mecklenburgischen
Reederei-Verhältnisse hervor: »Die mecklenburgischen Schiffe, welche in den letzten Jahren sehr häufig in die Häfen des Mittelländischen und Schwarzen Meeres kommen, sind nach den Berichten unserer Agenten stark und sehr solide, oft aber etwas zu plump und
schwerfällig im Segeln, gebaut. Die Kapitäne derselben haben wir
durchgängig als sehr wackere, streng rechtliche, und auf Schiff und
Ladung sorgsam wachende Männer kennengelernt, und wir versichern deshalb lieber auf ein mecklenburgisches, wie auf ein griechi-
sches, maltesisches, provenzalisches und italienisches Fahrzeug. Auf-
fallend ist aber bei vielen dieser Kapitaine die Unbehülflichkeit in

Bark »Friedchen«

ihrem Verkehr mit den Zoll-, Quarantaine- und Policei-Behörden der Haefen, wie auch mit den Abladern und Empfängern der Waaren, den Maaklern usw.« Soweit diese Stimme über Schiffe und Seeleute.

Mit dem guten Geld, das in England verdient wurde, konnte der schwindende Wohlstand in der Heimat nicht aufgehalten werden. Es galt, neue Erwerbsquellen zu erschließen, um die Orte nicht entvölkern zu lassen. Über den Bevölkerungsrückgang gibt die nachfolgende Statistik Aufschluß:

Ort	1871	1905
Ahrenshoop	799	669
Bodstedt	497	379
Born	1384	1139
Bresewitz	295	219
Dändorf	441	362
Dierhagen	507	501
Fuhlendorf	813	708
Neuendorf	498	474
Prerow	1447	1049
Pruchten	681	548
Saal	517	475
Wieck	1250	793
Wustrow	1132	1053
Zingst	2494	1618

Da Landwirtschaft und Fischerei nur begrenzt erweiterungsfähig waren, erschien die Hinwendung zum Fremdenverkehr unumgänglich.

Schon in den vierziger Jahren des vergangenen Jahrhunderts wurde von einem Arzt in Wustrow ein erster Versuch unternommen, aus dem Dorf einen Badeort zu machen. Für das wohlhabende Schiffervolk war die Zeit dafür aber noch nicht gekommen. Das ganze Interesse der Bevölkerung galt der Schiffahrt, durch die viel Geld verdient wurde. Den meisten Wustrowern ging es gut, so daß niemand bemüht war, Sommergäste zu beherbergen. Selbst die Gastwirte zeigten sich gleichgültig. Die wenigen Badelustigen, die anfangs kamen, blieben bald wieder fern. Die Fischländer hatten sie sozusagen selbst vertrieben. Ein zweiter Versuch wurde 1881 unternommen, nachdem verschiedene Künstler von der Schönheit dieser Landschaft berichtet hatten. In Wustrow war inzwischen ein »Verein zur Erschließung neuer Erwerbsquellen« gegründet worden, denn in vielen Schifferfamilien wurde das Geld knapp. Im genannten Jahre besuchten schon hundert Badegäste den Ort. Ab 1905 kamen etwa 1000 Gäste im Sommer nach Wustrow, darunter befanden sich auch 200 sogenannte Passanten, die für einen Tag das Dorf aufsuchten. Die Saison währte vom 1. Juli bis zum 15. August. In den umliegenden Orten machte dieses Beispiel Schule. Bei gutem Wetter ließ sich fast jeden Tag eine Anzahl

Herren aus Ribnitz mit einem Fährboot über den Bodden fahren, um in der Ostsee ein Bad zu nehmen. Um 1880 kamen zufällig einige Sachsen nach Dierhagen, und es gefiel ihnen so gut, daß sie regelmäßig wiederkehrten.

Die Nachfrage stieg von Jahr zu Jahr. Nach Zingst kamen 1871 lediglich 48 Badegäste, 1882 waren es bereits 141, 1885 570, 1890 schon 756. Die besten Räume wurden dem Feriengast zur Verfügung gestellt, das war in Schifferhäusern nicht anders als in Katen. Man zog in eine Kammer um, manchmal sogar auf den Heuboden. War genug Geld eingenommen, wurden der Boden oder der Stall ausgebaut.

Aber auch die Frauen, deren Männer zur See fuhren, lernten die Nebeneinnahmen aus der Gästebetreuung schätzen. So erzählte Frau Wanda Ahrens, geborene Voß aus Prerow: »Unser Haus wurde 1833 von einem Kapitän Kraeft erbaut. Kurz vor der Jahrhundertwende zog mein Vater, Kapitän Theodor Voß, hier ein. 1912 musterte er bei der Hamburg-Amerika-Linie ab, um sich zur wohlverdienten Ruhe zu setzen. Im gleichen Jahre heiratete ich den I. Offizier Max Ahrens aus Prerow. Auf mehreren Reisen begleitete ich meinen Mann. Das Haus in der Prerower Buchenstraße besaß zwei Veranden sowie sechs Zimmer. In den Stallungen hielten wir zwei Kühe und zwei Schweine sowie viele Hühner. Unsere recht begüterte Familie begann bereits um 1900 mit dem Vermieten des Hauses. Meine Mutter führte einen Mittagstisch, bisweilen für 15 Personen. Sie war der Meinung: Was du hier verdienst, das braucht dein Mann nicht von See zu holen.«

Die Schönheiten der Landschaft ließen den Touristenstrom weiter anwachsen. Es entstanden Pensionen, Hotels, Konditoreien. Die Dörfer an der Ostseeküste hatten dabei eine ungleich bessere Position als die an der Boddenseite.

Das Abwanderungsstreben war mit dieser Entwicklung jedoch nicht beseitigt, weil die neuen Erwerbszweige an Land meistens nicht den Wünschen der männlichen Bevölkerung entsprachen. Die Palette reichte von der Zimmer- bis zur Strandkorbvermietung, von Hilfsarbeiten in Logierhäusern, Fischräuchereien bis zum Gepäcktragen oder dem Verkauf von Blumen und Obst. Diesen sozialen Abstieg wollten viele Seeleute nicht mitmachen, vor allem die jüngeren Männer nicht. So suchten sie ein Aus- und Unterkommen als Schiffsführer im Wasserbauwesen, in der Fischereiaufsicht, im Zoll- und Lotsenwesen. Doch immer wieder zog es viele von ihnen in die großen Häfen, nach Stettin, Bremen und vor allem nach Hamburg, um als Heizer oder Matrose, als Offizier oder Kapitän in der Trampschifffahrt, auf den fahrplanmäßigen Seepostlinien oder in der Chilesalpeterfahrt anzumustern.

Einer von ihnen, Johann Segebarth, schrieb im Alter über sein Leben. 1833 als Sohn eines Bootsmannes in Wieck geboren, ging er nach

Segelmacher bei der Arbeit

der Einsegnung mit seinem Vater auf ein Schiff, bestand im 20. Lebensjahr die Prüfung als Steuermann und mit 24 Jahren die als Schiffer. 1866 stand für Johann Segebarth in Wieck eine Bark bereit, die er 22 Jahre lang gefahren hat. Ostsee, Weißes und Schwarzes Meer und Atlantik waren die Fahrtgebiete. Johann Segebarth, der 1919 starb, veröffentlichte eine Reihe von Büchern, darunter die Titel »Seemannslos« und »Darßer Smuggler«. Das war eine große Ausnahme im Leben eines Schiffers, ebenso wie die Anschaffung eines Dampfers, um den Verkehr über den Bodden aufrechtzuerhalten.

Auf dem Landweg war nicht immer eine Verbindung zwischen Barth und dem Darß/Zingst sowie zwischen Ribnitz und dem Fischland möglich, und die Beförderung von Post und Paketen mit Segelbooten wurde hin und wieder durch Witterungsunbilden behindert. Da schien ein Dampfer eine sichere Sache zu sein. So dachte bereits 1868 der Ribnitzer Schiffer Johann Lemke, als er die STADT RIBNITZ erwarb. Doch waren anfangs die Selbstkosten zu hoch und die Einnahmen zu gering, so daß er Konkurs anmelden mußte. Das hielt aber andere Schiffer nicht davon ab, auch ihr Glück zu versuchen. 1880 verkehrte der Dampfer BERLIN zwischen Ribnitz und Wustrow mit Platz für 50 Personen an Bord. Ein Jahr darauf wurde der Dampfer VEREIN mit 150 Plätzen in Dienst gestellt und unternahm in den nächsten zehn Jahren regelmäßig Fahrten unter Johann Griese, Schiffer mit Patent für Große Fahrt. Ein anderer Ribnitzer Schiffer, Kapitän Gustav Bentzien, ließ seinem hölzernen Dampfer RENATE 1890 den eisernen Schraubendampfer CAPRIVI folgen. Mittlerweile waren die Eisenbahnlinien Stralsund – Velgast – Prerow bzw. Stralsund – Velgast – Ribnitz – Rostock fertiggestellt und führten zur Belebung des Badebetriebes.

Eine weitere Möglichkeit, sich an Land zu etablieren, fand der Seemann, der über genügend finanzielle Mittel verfügte, in der Gründung eines kleinen Restaurants, eines Cafés oder einer Pension. Kapitän Knull aus Zingst nutzte seine reichhaltige Sammlung an Mitbringseln und Buddelschiffen, um einem Kaffeestübchen einen Hauch der fernen Exotik zu verleihen. In Ribnitz eröffnete ein früherer Schiffer eine Gastwirtschaft, in der sich vor allem die ehemaligen Krimfahrer trafen.

Wenngleich sich im Laufe der Zeit der Charakter der Orte zwischen Ribnitz und Barth, schließlich auch der dieser beiden Städte, änderte, so blieb es dennoch immer das Bestreben junger Männer, auf einem Schiff anzumustern und die glanzvolle Tradition des Landes fortzusetzen.

Schule für Schiffer und Steuerleute

Die deutsche Schiffahrt spielte nach dem Zerfall der Hanse im 16. und 17. Jahrhundert nicht mehr die einst so bedeutende Rolle und war von Ländern wie Portugal, Spanien und Holland weit überholt worden. Hier bestanden bereits Navigationsschulen, während ähnliche Einrichtungen dieser Art in den deutschen Küstenländern unbekannt waren. Das hatte zur Folge, daß das Erlernen des Seemannsberufes reine Privatangelegenheit war und daß Erfahrung übertragen werden mußte. Besonders als Sohn des Schiffers hatte der Junge das Seemannshandwerk gründlich und exakt zu erlernen, sollte er doch eines Tages das Erbe seines Vaters antreten und fortsetzen. So konnte aus dem Jungen allmählich ein Matrose und nach Jahren seemännischer Erfahrung ein Steuermann oder Schiffer werden.

Dieses war in Deutschland bis etwa Ende des 17. Jahrhunderts der übliche Weg in der Laufbahn eines Seemanns. Da die Schiffer zu jener Zeit kaum aus der Nord- und Ostsee herauskamen, reichte ihr auf diese Weise erworbenes Wissen aus. Das galt insbesondere für die mecklenburgische Schiffahrt. Die Schiffer vom Fischland beispielsweise richteten sich auf ihren Fahrten nach solchen Häfen wie Riga, Danzig und Kopenhagen nach der ihnen bekannten Küste mit den vertrauten Landmarken. So war es keine Besonderheit, daß bis zum Ende des 18. Jahrhunderts, selbst noch zu Beginn des 19. Jahrhunderts, ein Wustrower Kapitän werden konnte, ohne je eine entsprechende Schule besucht zu haben. Ein Beispiel dafür geht aus den Akten des Schweriner Staatsarchivs hervor. Danach fuhr der 1785 in Wustrow geborene Christoph Friedrich Maaß bereits vom 9. bis 14. Lebensjahr während der Sommermonate auf dem Schiff seines Vaters in der Ostsee. Die darauffolgenden vier Jahre machte er, wie es wörtlich heißt »bis zum Grade als Steuermann, Matrosenfahrten auf verschiedenen Schiffen und nachdem er im 18. Jahr Steuermann geworden und 3 Jahre als solcher gefahren, erhielt er 1806, 21 Jahre alt, das Vertrauen seiner Rheder als Captain« zu fahren.

Mit Cyrus begann es

Für die Erweiterung der Fahrtgebiete auf das Weiße Meer und das Mittelmeer reichte ein nur durch Erfahrungen erworbenes Wissen nicht mehr aus. Außerdem waren die Schiffe größer und die Ladungen wertvoller geworden. Der Schiffer brauchte umfangreichere Kenntnisse auf dem Gebiet der Navigation, wollte er sicher und schnell sein Ziel erreichen. Weitsichtige Kapitäne bzw. Schiffer oder auch die, die durch Krankheit oder Unfälle gezwungen waren, an Land zu bleiben, nutzten deshalb die langen Wintermonate, um ihre Kenntnisse und ihren Erfahrungsschatz weiterzugeben. Hinzu kamen Dorfschulmeister, die auf der Grundlage entsprechender Lehrbücher aus den Niederlanden die ersten Begriffe der nautischen Rechenkunst an junge und wißbegierige Seeleute weitergaben. Den Grundstein für einen systematischen Navigationsunterricht legte 1781 der Althäger Dorfschulmeister Johann Christian Cyrus, der selbst einmal zur See gefahren war. Ihm folgte acht Jahre später in Wustrow August Christian Galle. Ab 1813 waren es dann die Schiffer Nicolaus Permien und Johann Heinrich Voß, die im gleichen Ort junge Matrosen auf ihre Laufbahn vorbereiteten. Es begann mit einem Vorbereitungskurs für die Navigationsschule. Gelehrt wurden die Fächer Rechnen und Schreiben, denn das auf den Dorfschulen vermittelte Wissen war für den Besuch einer Steuermannsschule zu gering. Die Kurse der Navigationsschule liefen über zwei bis drei Winter. An dieser Privatschule hatte Nicolaus Permien 1814 in den Wintermonaten bis 30 junge Seeleute um sich versammelt. Sie lernten hier die Grundbegriffe der ebenen und sphärischen Trigonometrie und lösten mathematische Aufgaben der seemännischen Praxis. Sie erhielten Unterricht in der Gezeitenkunde, in der Kurs- und Kompaßberichtigung, in Peilung, Log- und Besteckrechnung, in Tagebuchführung und Seekartenprojektion.

In Althagen führte der Steuermann Claas Niemann den von Cyrus begründeten Navigationsunterricht fort. Auch in Dierhagen und Dändorf lehrten Steuerleute die Seemannskunst. So verfügte das Fischland über fünf private Navigationslehrer, die ihre Schüler nach entsprechender Vorbereitung auf das Amtshaus in Ribnitz schickten, um sich dort einem Collegium zur Steuermannsprüfung zu stellen. Doch nicht nur die Schüler legten Prüfungen ab, auch mancher Lehrer. Nicolaus Permien hatte sich in Danzig von einem Marineleutnant examinieren lassen und so seine Qualifikation als Lehrer nachgewiesen. Wie alle Fischländer war er eng mit seiner Heimat verbunden. Er schlug deshalb ein Angebot der Kaufmannschaft aus Reval, Examinator angehender Schiffer zu werden, aus.

Schon in den dreißiger Jahren des 19. Jahrhunderts war die Fisch-

länder Flotte auf rund hundert Schiffe angewachsen, deren Fahrtgebiete sich beträchtlich erweitert hatten. Die Schiffer aus Wustrow und
Dändorf mußten dabei feststellen, daß ihre Kenntnisse über die Seefahrt gegenüber anderen deutschen Seeleuten unzureichend waren.
Es machte sich das Fehlen einer höheren Seefahrtschule bemerkbar.
Solche Einrichtungen gab es in Hamburg bereits seit 1749, in Bremen
seit 1790 und in Lübeck seit 1808. Ihre Absolventen beherrschten eine
Fremdsprache, waren auch im Umgang mit Personen und Behörden
ausgebildet und besaßen vor allem umfassendere Kenntnisse für die
Bedingungen der Großen Fahrt. Das System der Privatschulen war
den neuen Anforderungen nicht mehr gewachsen.

Eine zweite Ursache für das Zurückbleiben der Wissensvermittlung an junge Seeleute in Mecklenburg war die engstirnige und kurz-
sichtige Haltung der feudalistischen Landesregierung. Sie scheute
größere Ausgaben und teilte die Meinung mancher Schiffer und
Steuerleute, das Niveau der Ausbildung reiche aus.

Dem widersprach sehr energisch der Ribnitzer Amtshauptmann
Klotz, der vorausschauend die gediegene Ausbildung von Seeleuten
als einen wichtigen Wirtschaftsfaktor in Mecklenburg sah. Er schrieb
deshalb an die Landesregierung in Schwerin: »Der Nutzen der

Ehemaliges Fischerhaus in Prerow

Steuermannsschulen, die, fast ohne Beihilfe, als Privatunternehmen bestehen, hat sich noch kürzlich bei mehreren von uns angestellten Prüfungen bewährt. Die Anforderungen, welche an die Seefahrt gemacht werden, steigen indeß immer höher, und müßten größer werden, wenn unsere Schiffe mit Erfolg Reisen nach anderen Welttheilen unternehmen sollen. Nur wenn dies geschieht, kann deren Wohlstand sich wieder heben.«

So bat der Amtshauptmann lange Zeit bei der Landesregierung um den Ankauf zweier Globen, die mithelfen sollten, das Wissen junger Seeleute zu erweitern. Nach vielem Hin und Her wurde schießlich Nicolaus Permien beauftragt, diese Hilfsmittel der Nautik 1834 in Antwerpen zu kaufen.

Ein anderer dringender Wunsch nach einem Buch über Handelsrecht wurde von der Großherzoglichen Mecklenburgischen Cammer mit der Begründung abgelehnt, ein solches Handbuch befände sich in Schwerin und könnte nach dem Fischland befristet ausgeliehen werden. Der Landesherr und eine Vielzahl seiner Bediensteten hemmten auf diese Weise immer wieder die Ausbildung der jungen Seeleute.

Zur Besoldung und Unterstützung der Lehrer trug die Regierung kaum bei. Sie gab lediglich Deputatholz und Holz zum Bau eines Schulhauses. Selbst hierbei wurde noch geknausert. Nicolaus Permien hatte für seine Schulstube Fußbodendielen vorgesehen. Dieser Anspruch war den Schweriner Herren, die ausschließlich auf Parkett gingen, zu hoch, da sich »die rauhen Seemänner, jedem Klima trotzend«, ebensogut mit einer dauerhaften Mauersteindiele begnügen könnten.

Die Seeleute hatten ihre Ausbildung selbst zu bezahlen. Das galt sowohl für die Vorschule mit dem Rechen- und Schreibunterricht – das wöchentliche Honorar lag zwischen drei und sechs Schillingen – als auch für die Navigationsschule. Nach dem Steuermannsexamen bezahlten die Schüler für den gesamten Unterricht in den drei Wintern zehn Reichstaler. Doch nicht alle konnten diese Summe aufbringen. Manche blieben das Geld den Lehrern vorerst schuldig.

Da die Fischländer Navigationslehrer aus eigenen Mitteln eine größere und einheitliche Bildungsstätte nicht errichten konnten, wandten sie sich zusammen mit einigen Schiffern in mehreren Petitionen an Friedrich Franz II. Die Namen der acht Bittsteller, deren Gesuch endlich Erfolg hatte, waren: D. H. Dade, Remer Niemann, E. F. Maas, N. Permien, J. H. Permien, D. Bradhering, H. H. Niemann, D. H. Niemann.

Ursprünglich sollte die Navigationsschule ihr Domizil in Ribnitz aufschlagen. Dagegen sprach sich der Ribnitzer Magistrat aus in der Befürchtung, daß die Seeleute zu viel und zu laut in den Straßen »randalierten«.

Mitbringsel. Schnitzarbeit aus einem indischen Tempel. Museum Ribnitz-Damgarten

Wie Unrecht der Ribnitzer Magistrat mit seiner Meinung über die jungen Seeleute hatte, ging aus einem Schreiben von Amtshauptmann Koppe, dem Nachfolger von Klotz, hervor: »Jetzt geht der Seemann Fischlands, sobald nur eine geringe Zahl der Schiffe in die Winterlage zurückgekehrt ist, von morgens bis spät Abends mit weniger Unterbrechung in die Navigationsschule, und nur der Sonntag ist, nach abgehaltenem Gottesdienst, woran mit großer Andacht der Seemann treu hängt, dem Vergnügen gewidmet, doch von großer jugendlicher Lebenslust, und von Roheit, Trunkenheit, Liederlichkeit, wie man dies in Seestädten zum Gräul findet, ist der Seemann hier weit entfernt.«

Das Schreiben der acht Wustrower vom 16. Januar 1845 war erfolgreich, und im November des darauffolgenden Jahres wurde die Großherzogliche Mecklenburgische Navigationsschule in Wustrow eröffnet. Anfangs bestanden zwei Hauptklassen und die Vorbereitungsschule. Der Besuch war groß. Der Unterricht begann mit 21 Steuermannsschülern und 19 Schifferschülern. Am 23. Oktober 1847 fand sich im Ribnitzer »Grenzboten und Anzeiger« folgende Ankündigung: »Am 1. November d. J. beginnt der Unterricht in den drei Classen der Navigationsschule zu Wustrow und haben die theilnehmenden Schüler sich vorher beim Navigationslehrer Schütz daselbst zu melden, welcher, den Fähigkeiten der Schüler nach, die Classenzuteilung zu bestimmen hat.«

Die Schule erweiterte rasch das Unterrichtspensum. So gab es ab 1847 spezielle Lehrer für Nautik, für Englisch und Französisch. Während die zukünftigen Schiffer und Steuerleute sehr gewissenhaft und exakt arbeiteten, um rasch ihr gestecktes Ziel zu erreichen, sahen die Zustände in der Vorbereitungsklasse ganz anders aus. Hier waren bis zu 70 Schüler im Alter von 15 bis 19 Jahren in einer Klasse zusammengefaßt. Manche von ihnen kannten bereits mehrere Erdteile, waren welterfahren und wollten vorwärtskommen, anderen dagegen fehlte noch der nötige Ernst zum Lernen. Die Lehrer hatten es deshalb nicht leicht, sich durchzusetzen. Viele Matrosen hatten nicht geahnt, daß Schreiben und Rechnen schwieriger zu erlernen waren als Spleißen und Knoten.

Blick auf die freie Kimm

Die Schule, am Stegberg in Wustrow gelegen, bestand aus den Klassenräumen im Erdgeschoß. Im ersten Stock befand sich die Wohnung des Direktors. Dieses Amt übte als erster von 1846 bis zum Oktober 1880 E. Schütz aus. Es war eine umfassende Fachbibliothek vorhanden. Ferner gab es ein Passageinstrument, das es ermöglichte, den

Durchgang des Sonnenmittelpunktes durch den Meridian von Wustrow genau zu bestimmen. Hierdurch konnten die wahre Ortszeit und die Länge des Ortes exakt festgelegt werden. Für die Messung von Gestirnshöhen wurden Oktanten benutzt, die man heute nur noch vereinzelt in Schifferhäusern und Museen antrifft. Anschauungsmaterial für die Fachstunden konnte erst allmählich angeschafft werden. Ein besonderer Vorzug des Standortes der Seefahrtschule lag darin, daß die astronomischen Beobachtungen unter den gleichen geographischen Verhältnissen durchgeführt werden konnten wie auf See. Der Blick auf die freie Kimm erübrigte einen künstlichen Horizont als Hilfsmittel, auf den viele Seefahrtschulen der Welt angewiesen sind. Auch in Rostock war in der Zwischenzeit eine Navigationsschule errichtet worden, die jedoch im Vergleich zur Wustrower eine untergeordnete Rolle spielte, wenngleich ihr Leiter, der Professor der Mathematik und Physik an der Universität, Dr. Karstens, seit 1847 bereits als Mitglied der Wustrower Prüfungskommission fungierte.

Von 1846 bis 1869 wurden in Wustrow folgende Prüfungsergebnisse erzielt:

	Steuerleute	Schiffer
Zur Prüfung gemeldet	635	491
Nicht bestanden	14	33
Bestanden mit Sehr gut	91	57
Bestanden mit Gut	312	218
Bestanden mit Genügend	218	183

In den ersten Jahren des Bestehens der Seefahrtschule gab es in der Verwirklichung geordneter Lehrpläne manches Problem. Für Schifferschüler waren Winterkurse von vier bis fünf Monaten, für Steuerleute Jahreskurse vorgesehen. Doch die Entwicklung der Schiffahrt und die daraus resultierenden Heuerverträge über lange Zeit machten diesen Plänen einen Strich durch die Rechnung. Die großen Reisen nach Amerika, nach Asien und Australien brachten es mit sich, daß die Schiffe immer seltener im Heimathafen festmachten. Die Zahl der Segler, die auf Jahre draußen blieben, wurde größer. Gleichzeitig wollten immer mehr Vollmatrosen in Wustrow einen Steuermannskurs belegen, was hier nur im Winter möglich war. Direktor Schütz richtete deshalb neben den Winter- auch Sommerlehrgänge ein. Anschließend setzte er durch, daß die Steuerleute zur besseren Ausbildung einen ganzjährigen Kursus in Wustrow zu besuchen hatten, um ihr Examen abzulegen. 1852 begann ein erster solcher Kurs. Daran nahmen 26 Matrosen teil, die vom Fischland bzw. seiner näheren Umgebung stammten.

Die erste Klasse in Wustrow war die Schifferklasse. Hier wurden nur Steuerleute aufgenommen, die die Schifferprüfung ablegen wollten. Die Schüler mußten mindestens 24 Jahre alt sein und zwei Jahre Fahrtzeit oder mehr als Steuermann nachweisen können.

Die zweite Klasse trug die Bezeichnung Steuermannsklasse. Sie wurde von Matrosen besucht, die mindestens zwanzig Jahre alt waren. Diese mußten eine Fahrtzeit von 45 Monaten, davon 18 als Vollmatrose, hinter sich haben. Der Kursus dauerte ein Jahr, während der Kursus der Schiffer jeweils im Winterhalbjahr nur 6 Monate beanspruchte.

Die dritte Klasse war die sogenannte Vorschule.

Ab 1850 gab es für alle drei Klassen Fremdsprachenunterricht in Englisch und Französisch. Die letztere Sprache wurde später in Wustrow nicht mehr gelehrt. Die Schifferklasse hatte ab 1854 auch eine Prüfung im Fach »Handelswissenschaften« abzulegen.

Der zukünftige Schiffer mußte neun Taler und 16 Schillinge, der Steuermann sieben Taler für das Examen bezahlen. Die mündliche Prüfung war öffentlich.

Die Anzahl der Schiffer- und Steuermannsschüler betrug:

von 1846	bis 1850	271
von 1851	bis 1860	612
von 1861	bis 1870	628
von 1871	bis 1880	598
von 1881	bis 1890	507
von 1891	bis 1900	349

Viele Seefahrtschulen

In vielen deutschen Kleinstaaten waren Seefahrtschulen eröffnet worden. So in Danzig (1817), Stralsund (1820), Elsfleth (1832). Infolge der Kleinstaaterei bestanden an allen diesen Schulen unterschiedliche Bedingungen für die Ausbildung und die Prüfungen. Das hatte zur Folge, daß kein deutscher Küstenstaat die Prüfung und das Zeugnis des anderen anerkannte. Daraus ergab sich, daß ein Rostocker Steuermann bis 1869 nicht auf einem Schiff unter mecklenburgischer Flagge, also der Fischländer Flotte, oder unter Hamburger Flagge anheuern konnte. Dem wurde nur stattgegeben, wenn er noch einmal seine Prüfung an der entsprechenden Landesschule wiederholte.

Diese die Freizügigkeit der Seeleute einschränkenden Bedingungen erfuhren 1869 eine Veränderung. Man führte in allen deutschen Bundesstaaten die gleichen Prüfungsbedingungen ein, ließ aber die Ausbildungspraktiken unverändert. Die Prüfungsvorschriften wur-

den von der technischen Kommission für Seeschiffahrt unter Hinzu-
ziehung von Direktoren der Seefahrtschulen erlassen. Da jede Änderung dieser Vorschriften und der entsprechenden Prüfungsaufgaben
sich nur schwer durchsetzen ließ, kam es vor, daß die Theorie mit der
seemännischen Praxis nicht mehr übereinstimmte. Daher wurden immer mehr Stimmen laut, einen einheitlichen Unterricht im ganzen
Land einzuführen. Aber erst 1925 konnte dieses durchgesetzt werden.

Im 19. Jahrhundert gab es in Deutschland 25 Navigationsschulen.
Auf dem Gebiet der heutigen DDR gehörten dazu Stralsund (1820 bis
1921), Rostock (1854 bis 1919), Barth (1862 bis 1924) und Wustrow.

Seit der Einführung der neuen Prüfungsvorschriften amtierte ein
sogenannter Reichsprüfungsinspektor. Richard Wossidlo erzählt von
einem solchen Inspektor folgende Geschichte: »Prüfung der Steuerleute. Auch der Inspektor stellt Fragen. ›Was tun Sie‹, wandte er sich

an einen Wustrower, ›wenn das Schiff bei schwerem Sturm steuerlos wird und auf Lägerwall treibt?‹ ›Denn smiet ik mienen Anker‹, ist die Antwort. ›Wenn dann die Ankerkette bricht?‹ bohrt der Prüfende weiter. ›Denn smiet ik den tweiten Anker uut!‹ – ›Und wenn diese Kette auch bricht?‹ – ›Denn smiet ik mienen Nootanker uut.‹ ›Und wenn der nun auch verloren geht und Sie haben weiter keinen Anker, was tun Sie dann?‹ – ›Denn schiet ick mi in de Bücks, wat Du denn all lang dahn haddst.‹«

Die Jungen vom Fischland waren nicht auf den Kopf gefallen; kein Wunder, denn wer mit 14 Jahren das Elternhaus verließ, um sich den rauhen Wind um die Nase wehen zu lassen, der kam schon nach der ersten Reise fast als ein Mann zurück. Und wenn er dann die Seefahrtschule besuchte und nach weiteren vielen Jahren Fahrenszeit eines Tages für immer im heimatlichen Dorf vor Anker ging, gehörte er vielleicht zu denen, die folgende bitteren Begebenheiten aus ihren ersten Seefahrtsjahren Käthe Miethe erzählten:

»Leicht sind die ersten Fahrten für keinen Jungen gewesen. Morgens um zwei Uhr aufstehen, Deck naßgießen, Kartoffeln schälen; die eigentliche Arbeitszeit fing um sechs Uhr an. Kochen mußte ich auch. Wir Jungen mußten im Hafen laden und löschen, mußten Wache gehen. Schliefen wir ein, gab es Prügel. In Stockholm kam die Polizei darüber hin, daß wir Jungen Zwei-Zentner-Säcke schleppen mußten. Der Kapitän wurde mit hundert Kronen bestraft, dafür bekamen wir Prügel. Erst im zweiten Jahr wurde es etwas besser, als ich auf einen anderen Segler kam.«

Ein anderer Fahrensmann berichtete: »Wir waren 18 Mann im Logis, als wir mit einem Vollschiff nach Australien fuhren. Zwei Kojen waren immer übereinander, jeder hatte seine Seekiste darunter. Unser Logis lag oben auf Deck; wenn die Tür aufging, kam gleich die See über, schwamm alles. Essen war auch sehr mies, und auf den Segelschiffen galt alles als ›Notarbeit‹, auch am Sonntag. Aber man kannte damals nichts anderes, dachte, es müßte so sein, haben es durchgehalten. Wir Jungens durften erst essen, wenn alle Matrosen satt waren, durften auch nicht im Logis essen, wir mußten mit unserer Schüssel auf Deck. Und abends durften wir Jungens nicht auf dem Bettrand sitzen. Als ich meiner Mutter mal schreiben wollte, bat ich den Kapitän um eine Briefmarke. Von meiner Heuer hatte ich noch nichts gesehen. Da sagte er: Porto kriegst du nicht, bist vierzehn Jahre zu Hause gewesen, kannst kein Heimweh haben!«

So sah der Lebensweg eines anderen jungen Fischländers in jenen Jahren aus: »Bin am 6. März 1893 zur See gegangen, war einen Tag vorher konfirmiert worden. Mutter hatte den ganzen Winter damit zu tun gehabt, mein Zeug zusammenzubringen. Ich mußte ihr absehen, wie man Knöpfe annäht, daß sie nicht gleich wieder abreißen, und

Strümpfe stopfte sie so dicht, daß keine Leckstelle mehr drin blieb. Ich kam auf die Brigg SWANTEWIT zu einem Fischländer Schiffer Niejahr. Im Herbst kamen wir nach Hause, und wir Jungens gingen auf Vorbereitungsschule. Das nächste Frühjahr fuhr ich auf der Bark MEERMAID, auch bei einem Fischländer Kapitän, und ging im Winter wieder auf Vorbereitungsschule. Nächstes Frühjahr kam ich auf das Vollschiff POONAH. Da war ich als Jungmann und Leichtmatrose 25 Monate an Bord. Als das Schiff verkauft wurde nach England, habe ich abgemustert und bin als Matrose auf zwei Hamburger Seglern gefahren, zuletzt auf einem Dampfer. 1901 bin ich dann in Wustrow auf Steuermannsschule gegangen.«

Ein solcher Steuermannskurs über ein Jahr kostete rund 2000 Mark (um 1875), und viele Matrosen mußten acht bis zehn Jahre gefahren sein, um dieses Geld zu sparen. Das galt vor allem für die Schüler, die sich in Wustrow einmieten mußten. Wer hier zu Hause war, lebte natürlich billiger. Neben den bereits genannten Fächern wurde der angehende Steuermann auch in der ersten Hilfe ausgebildet. Ein Ribnitzer Arzt kam einmal wöchentlich, um das Einrenken von Gliedmaßen, das Anlegen von Verbänden, die richtige Benutzung des Medizinbuches und vor allem des Medizinkastens mit den Arzneien zu erklären.

Wustrow war die bekannteste Seefahrtschule auf dem Territorium zwischen Barth und Ribnitz. Daneben bestanden andere Schulen, die jedoch meist nur der Vorbereitung auf den Besuch der Seefahrtschule dienten. Das galt auch für die 1844 in Zingst eröffnete Einrichtung, von der junge Seeleute nach Barth, Stralsund und Wustrow gingen. Sie war oft bis auf den letzten Platz besetzt und verfügte 1858 über 47 Schüler. Am 1. April 1913 wurde die Zingster Schule geschlossen. Seit 1910 hatten sich keine Schüler mehr angemeldet, 1905 fanden sich nach achtmonatiger Pause nur noch zwei Schüler ein.

Recht lange bestand die Seefahrtschule in Barth, die, 1863 gegründet, zunächst nur eine Klasse besaß. Zwei Jahre darauf wurde das Navigationsschulhaus fertiggestellt. Neben der Steuermannsklasse gab es nun Klassen für Schiffer und Vorschüler. Die höchsten Besucherzahlen lagen mit durchschnittlich 30 Schülern pro Jahr zwischen 1865 und 1875. Danach verlor die Schule ihre Bedeutung. 1921 schloß sie ihre Pforten.

Eine Navigationsschule wurde 1851 auch in Prerow gegründet. 1865 hatte sie als höchste Schülerzahl 60 Seeleute. 1899 bis 1900 waren es nur noch zwölf. Bald darauf wurde auch diese Schule aufgelöst.

Moderne Bildungsstätte unserer Zeit

Der zweite Weltkrieg führte auch zur Vernichtung vieler deutscher Handelsschiffe. Insgesamt gingen 3,23 Millionen BRT verloren, fast 72 Prozent der gesamten Handelsflotte. An Bord der gesunkenen Schiffe mußten Tausende Zivilseeleute sinnlos ihr Leben opfern, darunter mancher Seemann vom Fischland, Darß und Zingst. In Mitleidenschaft gezogen wurden auch die Seefahrtschulen, ebenfalls die in Wustrow.

Vier Jahre nach Kriegsende, am 6. Mai 1949, konnte die Schule auf dem Fischland wieder eröffnet werden. Der neue Start war bescheiden. Es gab zunächst nur vier Klassenräume. Die ersten Hörer belegten Kurse für den Erwerb des Patents für Kleine Hochseefischerei und für Seemaschinisten.

Vorangegangen waren Arbeiten von Studienrat Steinfatt und Kapitän Homburg, an der Seefahrtschule Material zu sichten und zu sichern. Sie handelten im Auftrag der Landesregierung und der Sowjetischen Militäradministration. Gleichzeitig nahmen sie externe Prüfungen für Patente für Kleine Fahrt ab und stellten Zeugnisabschriften aus.

Im Jahre 1949 konnten die ersten Absolventen die Schule verlassen. Ihr Einsatzort war das Fischkombinat Saßnitz. Zur gleichen Zeit wurde die Ausbildung erweitert. Obwohl die DDR damals noch kein Handelsschiff und kein Schiff für die Hochseefischerei besaß, wurden vorausschauend junge Menschen für die zukünftige Flotte der Fischerei und des Seehandels ausgebildet. 1951 begann eine neue Fachrichtung mit der Ausbildung von Seefunkoffizieren. In den vier darauffolgenden Jahren verließen über 800 Patentträger die Seefahrtschule.

Absolventen von 1949 bis 1957

Jahr	Naut. Off. Patent A	Naut. Off. Patent B	Techn. Off. Patent C	Seefunkoff. Patent F	Gesamt
1949	–	31	5	–	36
1950	8	57	20	–	85
1951	88	63	189	77	417
1952	36	44	40	26	146
1953	46	103	69	64	282
1954	44	102	29	19	194
1955	9	88	–	49	146
1956	25	79	–	46	150
1957	48	51	–	47	146

Eine beachtliche Bilanz: 1602 Absolventen einschießlich der 172 Funker, doch der Bedarf an gut ausgebildetem Personal erhöhte sich weiter, vor allem durch das Anwachsen der DDR-Handels- und Fischereiflotte.

Ein Neubau für die Schule war unumgänglich. 1959 begonnen und 1964 fertig, stellte er an die Studenten und an den Lehrkörper hohe Anforderungen, denn der Unterricht durfte nicht ausfallen. Aber die Arbeit hatte sich gelohnt. Neben Planetarium, Aula, Bibliothek, Trainingsräumen, Laboratorien und Ausbildungsschiff standen jetzt 17 Lehrkabinette zur Verfügung. Trotz des umfangreichen Baugeschehens erwarben 685 Absolventen ihr Patent, darunter 154 als Kapitän für Große Fahrt. Für die nach ihnen an der Schule Studierenden verbesserten sich die Ausbildungsbedingungen wiederum. Dazu gehörten unter anderem das intensivere Bordpraktikum auf MS FICHTE, die Ausrüstung des Trainingsschiffes STÖRTEBEKER sowie die Einführung der Kapitänsabschlußarbeiten. MS FICHTE war für je 48 Studenten, später für 60 ein Praktikumsschiff. An Bord befand sich eine Ausbildungsabteilung, die über einen Lehrfunkraum, eine Lehrbrücke und zwei Klassenräume verfügte. Hier erhielten die zukünftigen Schiffsoffiziere von Lehrern der Seefahrtschule ein umfassendes Wissen vermittelt. Von 1962 bis 1969 nahmen an 22 Reisen des MS FICHTE zwischen Rostock und Kuba/Mexiko 730 Studenten teil.

Entwicklung der Seefahrtschule 1949 bis 1969

	1949	1954	1959	1964	1969
Kabinetträume	3	7	10	15	25
Lehrkräfte hauptamtlich	4	19	20	38	49
Direktstudenten	35	210	230	485	515
Internatsplätze	–	200	270	440	489
Ausbildungsschiffe	–	–	–	1	2
Studienplätze an Bord	–	–	–	48	60

Von 1963 bis 1969 verließen insgesamt 1643 Absolventen die Seefahrtschule, darunter waren mehr als die Hälfte Träger von Patenten für Große Fahrt.

Parallel zur Ausbildung von Nautikern und Funkern in Wustrow begann 1953/54 an der Ingenieurschule in Warnemünde für die ersten Studenten die Ausbildung zum Schiffsingenieur. Zu dieser Zeit hatte die Schule schon Schiffbauingenieure ausgebildet. Die Schiffsingenieure erhielten das Patent C 5 und nach zwei Jahren Fahrtzeit als Wachoffizier das Patent C 6. Die Ingenieurschule in Warnemünde ging hervor aus der Fachtechnischen Lehranstalt für Schiffbau in Stralsund. Diese war schon 1948 gegründet worden mit dem Ziel, qualifizierte Fachleute für die zukünftige Werftindustrie auszubilden. Da die Anforderungen des Schiffbaus und der Schiffahrt nach fähigen

Ingenieuren rasch stiegen, wurde die Kapazität der Schule erweitert.

Die entscheidende Wende in der Geschichte der Seefahrtschule Wustrow vollzog sich 1969. Am 12. September wurde sie mit der Ingenieurschule Warnemünde zur Ingenieurhochschule für Seefahrt Warnemünde/Wustrow vereinigt. Zum ersten Rektor wurde Prof. Dr. Hermann Schneider berufen. Seit ihrer Gründung bildet diese Lehr- und Forschungsstätte Hoch- und Fachschulkader für die Hochseefischerei, die Seeverkehrs- und Hafenwirtschaft und die Werftindustrie aus. In den ersten zehn Jahren ihres Bestehens hatte sie 2579 Absolventen.

Fischland, Darß
und Zingst heute

Auf der Halbinsel Fischland/Darß/Zingst, eingerahmt an der Boddenküste durch die Städte Ribnitz-Damgarten und Barth, reihen sich am Seeküstenabschnitt die bekannten Erholungs- und Badeorte Dierhagen, Wustrow, Ahrenshoop, Prerow und Zingst, zu denen sich an der Innenküste Dändorf, Born und Wieck, Pruchten, Bodstedt und Fuhlendorf gesellen. Das Leben wird hier wie auf der gesamten Halbinsel heute durch drei wesentliche Zweige bestimmt: Erholungswesen, Landwirtschaft und Fischerei. Die noch vor hundert und weniger Jahren vorwiegenden Gewerbe, Schiffbau und Schiffahrt, sind mit dem Niedergang der Segelschiffahrt um die Jahrhundertwende ausgestorben.

Die Lebensbedingungen auf dem schmalen Land zwischen Meer und Bodden haben sich nach dem Ende des zweiten Weltkrieges grundlegend gewandelt. Aus dem ehemals wirtschaftlich einseitig entwickelten Landstrich hat sich unter neuem Vorzeichen ein Gebiet herausgebildet, das für den Erholungsuchenden besonders attraktiv ist und für die Wirtschaft des Bezirkes Rostock zunehmend an Bedeutung gewinnt.

Die Deutsche Demokratische Republik erklärte das Fischland und den Darß zum Landschaftsschutzgebiet. Gleichzeitig unterstützte sie großzügig den weiteren Ausbau des Kur- und Erholungswesens. Es entstanden Ferienheime und romantisch gelegene Zeltplätze. Ganzjähriger Kurbetrieb, wie beispielsweise in Dierhagen, neue Heime des FDGB-Feriendienstes, weiträumige Zelt- und Campingplätze, Kinder- und Betriebsferienlager und zweckmäßige Sportanlagen haben neue Erwerbszweige beträchtlichen Ausmaßes geschaffen. Die Zahlen der Sommergäste, der Urlauber und Kurteilnehmer steigen an. Der FDGB-Feriendienst, Objekt Darß mit Sitz in Zingst, betreute 1980 in den Orten Zingst, Prerow, Wieck, Born, Bresewitz, Fuhlendorf, Pruchten und Bodstedt über 50000 Menschen, die sich im Urlaub oder während der Kur auf der landschaftlich so reizvollen Halbinsel erholten. Sie alle finden Freude und Entspannung am weißen Badestrand, in neuen Cafés, Restaurants, Kulturstätten.

Gleichzeitig kamen immer mehr Dörfer, die vormals mit dem Badewesen wenig zu tun hatten, in den Kreis der Badeorte. Dazu gehören unter anderem Born und Wieck auf dem Darß. In Born sah man

1930 die ersten Sommergäste. Dort fehlten aber in den folgenden Jahren die wesentlichen Voraussetzungen für einen organisierten Urlaubsbetrieb. Dieser begann erst 25 Jahre später. Vor dem zweiten Weltkrieg waren auch Dändorf und Dierhagen nur wenig besuchte Bäder, ähnlich sah es in Wieck und in allen anderen Boddendörfern aus.

Neben dem Erholungswesen mit seinen Hunderttausenden von Besuchern an der gleichmäßig verlaufenden hafenlosen Seeküste und an der vielfältig gebuchteten Boddenküste ist die Landwirtschaft zu einem wichtigen Erwerbszweig geworden. So wurde der Zingst durch die industrielle Futterproduktion im In- und Ausland bekannt. Das Ostseebad Zingst ist mit 3400 Einwohnern der größte Ort der Halbinsel. Hier befindet sich auch das Maritime Observatorium, das zur Sektion Physik der Karl-Marx-Universität Leipzig gehört. In dieser Lehr- und Forschungseinrichtung finden Kurse und Praktika für Studierende verschiedener Hochschulen statt. Die Forschungsarbeiten konzentrieren sich auf die ufernahe Zone des Meeres und auf die Boddengewässer.

Nachdem in der Vergangenheit viele Generationen vergeblich versucht hatten, das weite Ödland an den Boddengewässern und die Sun-

Matrosenhaus in Born

dische Wiese auf dem Zingst für die Landwirtschaft zu nutzen, gelang
das nach der Gründung des Volkseigenen Gutes Zingst/Darß/Fisch-
land. Die Fruchtbarkeit dieser zum Teil aus angeschwemmtem See-
sand bestehenden Landschaft ist abhängig von einer guten Be- und
Entwässerung, von der richtigen Düngung und einer sicheren Eindei-
chung. Alles das bewältigen die fast 1000 Mitarbeiter des über
6000 Hektar großen Gutes. Es entstanden neue Berufszweige, Trok-
kenwerke enormen Ausmaßes und Stallanlagen wurden gebaut.
Heute werden hier jährlich Tausende von Tonnen hochwertigen
Trockenfutters produziert und Tausende von Jungrindern aufgezo-
gen. Wissenschaftler, Ingenieure, Tierzüchter, Bauern und Traktori-
sten schufen ein beeindruckendes Werk.

Die dritte wichtige Erwerbsquelle auf der Halbinsel ist die Fischerei, das älteste Gewerbe in diesem Gebiet. Es reicht bis in das frühe
Mittelalter zurück. 1395 soll es bereits in Ahrenshoop eine Vitte, ein
Fischerlager, gegeben haben, in dem hansische Kaufleute von den
einheimischen Fischern Heringe aufkauften, die sie an Ort und Stelle
einsalzen und eintonnen ließen. Auch in Born, einem der schönsten
Darßdörfer mit sehenswerten Kapitäns-, Matrosen- und Fischerhäu-
sern, hat die Fischerei eine lange Tradition, und hier entstand ein neu-
zeitliches für die Fischzucht und den Fischfang weitreichendes Projekt, das die natürlichen Ressourcen, die Gewässer des Boddens,
intensiv nutzt.

Das Brackwasser des Boddens ist wesentlich ergiebiger, als einst
angenommen wurde. Allerdings muß der Mensch helfend eingreifen,
um den großen blauen Acker fruchtbarer zu machen. Das geschieht in
der Versuchsanlage für Forellenzucht des Instituts für Hochseefischerei in Born. Nachdem die Eignung der Gewässer für die Aufzucht und
Haltung von Regenbogenforellen nachgewiesen worden war, galt es,
zwei wichtige Aufgaben zu lösen: Die Entwicklung von Haltungsein-
richtungen und die Krankheitsbekämpfung. Das ist gelungen. Das
Satzmaterial, also Ei, Brut und einjährige Setzlinge, gelangt vom kla-

*Zur Rinderzucht gut
geeignet*

Modell eines Dreimast-Rah-
schoners, angefertigt von
Kapitän Louis Scharnberg.
Darß-Museum Prerow

Tür des Prerower
Kapitänshauses Lange
Straße 37

Moderne Technik im
Einsatz

ren Wasser des Labors in seine spätere natürliche Umwelt, in das Brackwasser. Auch in Born wurde der Grundstein zur industriemäßigen Fischproduktion gelegt, und bereits 1980 waren es 700 Tonnen Forellen, die in den inneren Seegewässern an der Ostseeküste gefangen werden konnten.

Die drei wichtigsten Wirtschafts- und Erwerbszweige auf der Halbinsel sind charakterisiert. Daneben spielen der Küstenschutz, die ausgedehnte Forstwirtschaft, die unterschiedlichsten Dienstleistungseinrichtungen sowie das Handwerk und die Ingenieurhochschule Warnemünde/Wustrow eine wichtige Rolle. Dem Seenotrettungsdienst und der Pflege und Erhaltung der Landschafts- und Naturschutzgebiete widmen sich viele Bewohner ehrenamtlich. Schließlich arbeiten zahlreiche Fischländer, Darßer und Zingster in den benachbarten Städten Barth und Ribnitz-Damgarten, das 1952 Kreisstadt wurde. Die neue Zeit ging auch an diesen Städten nicht vorüber.

Wenn man von einem Rüstungsbetrieb – dem Flugzeugwerk – absieht, besaß Ribnitz vor 1945 keine Industrie. Der Aufschwung begann erst danach und brachte bedeutende Betriebe der Leichtindustrie hervor, die sowohl für den Inlandbedarf als auch für den Export produzieren: Das Faserplattenwerk, der Ostseeschmuck, das Möbelkombinat Nord, die Ribnitzer Polstermöbel, die Ribnitzer Lederwaren »riled« sowie Bau- und Handwerksbetriebe.

Der einst verträumte Ort Ribnitz entwickelte sich zur blühenden, pulsierenden Stadt mit 17 000 Einwohnern und ist ein wichtiger Knotenpunkt für den Urlauberverkehr geworden.

Ähnlich hat sich Barth entwickelt. Der Arbeitsrhythmus dieser traditionsreichen Stadt am Bodden wird durch das Zuckerkombinat, die Fischverarbeitung, das Möbelkombinat, durch das Betonwerk, den Landbau, das VEG Saatzucht und Zierpflanzen sowie durch den Schiffsanlagenbau bestimmt.

Die wichtige Ernährungsquelle der Vergangenheit, der Schiffbau, lebte nach 1945 noch einmal auf. 1953 begann man mit dem Bau von Paddelbooten, Jollenkreuzern und Rettungsbooten, außerdem wurden Fischereifahrzeuge repariert. Ein schlichter Anfang, aus dem sich die Boots- und Reparaturwerft entwickelte, in der Fischkutter, Schubprähme und sogar ein Vermessungsschiff entstanden. Mit dem Anwachsen der Schiffbauindustrie in Rostock, Wismar und Stralsund übernahm der Barther Betrieb die Herstellung von Schiffsanlagen.

Rund 160 Handelsschiffe zählt heute die Flotte der DDR. Ihre Besatzungen kommen aus dem Erzgebirge und dem Thüringer Wald, sie sprechen Berliner und sächsischen Dialekt und natürlich das mecklenburgische Platt. Seeleute vom Fischland, Darß und Zingst, aus Barth und Ribnitz setzen eine vielhundertjährige Tradition ihrer Väter fort.

Inhaltsverzeichnis

Quellenverzeichnis

ANDERS, GERTA: *Die Halbinsel Darß und Zingst,* Rostock 1956

ANKLAM, ERNST: *Chronik von Damgarten* (Manuskript) 1916

BERG, GUSTAV: *Beiträge zur Geschichte des Darßes und des Zingstes,* Prerow 1934

BEU, HANS: *Ostseebad Prerow,* Prerow, o.J.

Brockhaus-Reisehandbuch Ostseeküste, Leipzig 1970

DELMAR, AXEL: *Die Ahrenshooper,* Leipzig 1893

Die Lage der in der Seeschiffahrt beschäftigten Arbeiter, Band 1/2, in »Schriften des Vereins für Sozialpolitik«, Leipzig 1903

Ehrenmal Deutscher Seeleute, Hamburg 1939

Festschrift zu den Jubiläen der Kreisstadt Ribnitz-Damgarten, Ribnitz-Damgarten 1958

Festschrift zur 700-Jahrfeier der Stadt Barth, Barth 1955

Festschrift zur 700-Jahrfeier, Saal 1956

Fischland, Wanderheft, Leipzig 1966

FRIEDERICHSEN, L.: *Die deutschen Seehäfen,* Hamburg 1889

GLANDER, HERMANN: *Maritime Volkskunst,* in »Volkskunst« Heft 11/1957

GRIESE, HANS: *Zur Geschichte der Schiffahrt und des Segelschiffbaues,* Ribnitz 1961

Handels- und Schiffahrts-Convention, Schwerin 1836

HANSEN, HANS-JÜRGEN: *Kunstgeschichte der Seefahrt,* Oldenburg/ Hamburg 1966

Jahrbuch für Volkskunde, Berlin 1977

JESCHKE, LEBRECHT, HARRY SCHMIDT und GERHARD KLAFS: *Darß,* Greifswald 1978

KAEGBEIN, AUGUST: *Zur Geschichte und Organisation der mecklenburgischen Segelschiffrhederei,* Rostock 1903

KANEL, ALFRED VON: *Das nordmecklenburgische Boddengebiet,* in »Wissenschaftliche Zeitschrift der Ernst-Moritz-Arndt-Universität Greifswald«, Mathematisch-naturwissenschaftliche Reihe, 1/2, 1971

KASTEN, HERBERT: *Der Darß,* Radebeul 1953

KRAMBEER, KARL: *Stadt Ribnitz in Vergangenheit und Gegenwart,* Ribnitz 1938

KÜHL, PAUL: *Geschichte der Stadt und des Klosters Ribnitz,* Neubrandenburg 1933

LAFFERT, ERNST AUGUST VON: *Die heillosen Mißbräuche im mecklenburgischen, insbesondere im Rostocker Rhedereiwesen, nebst Vorschlägen zu deren Abhülfe*, Schwerin 1861

LANGE, HEINRICH: *Kapitän Peiter Pott's Abendteuer tau Water und tau Land*, Leipzig 1899

LANGE, HEINRICH: *Twei Geschichten ut'e Franzosentid*, Leipzig 1907

Maritime Fach- und Hochschulbildung 130 Jahre, Rostock 1969

Mecklenburg, Werden und Wachsen eines Gaues, Bielefeld und Leipzig 1938

Mecklenburgische Handelszeitung, Schwerin 1829, 1830

Mecklenburgische Gemeinnützige Blätter, Parchim 1793

Mecklenburgische Monatshefte, Rostock 1925, 1929, 1932

MEYER-SCHARFFENBERG, FRITZ: *Bootsmann Pütt und seine Frauen*, Berlin 1967

MEYER-SCHARFFENBERG, FRITZ: *Zwischen Meer und Bodden*, Rostock 1961

MEINHOLD, THEODOR: *Heimatbüchlein für Barth und Kreis Franzburg*, Stettin 1915

MIETHE, KÄTHE: *Das Fischland*, Rostock 1948

MIETHE, KÄTHE: *Bark Magdalene*, Rostock 1955

MIETHE, KÄTHE: *Auf großer Fahrt*, Rostock 1956

Nachrichten aus Luv und Lee, Berlin 1934

Neue Monatszeitschrift von und für Mecklenburg, Schwerin 1795

Norddeutscher Correspondent, Schwerin 1861

Oeffentlicher Anzeiger für das Domanial-Amt, Ribnitz 1864

PEESCH, REINHARD: *Volkskunst*, Berlin 1978

PETERS, C.F.J.: *Das Land Swante-Wustrow oder Fischland*, Wustrow 1934

PRAGER, HANS-GEORG: *Retter ohne Ruhm*, Hamburg o.J.

PRIGNITZ, HORST: *Vom Badekarren zum Strandkorb*, Leipzig 1977

QUADE, GUSTAV: *Die Sturmfluth vom 12./13. November 1872 an der deutschen Ostseeküste*, Wismar 1872

Ribnitz – 700 Jahre Ribnitz in Mecklenburg, Ribnitz 1933

Ribnitz – Heimathefte, Ribnitz 1956–1960

RINGELING, GERHARD: *Seefahrend Volk*, Berlin 1935

RINGELING, GERHARD: *Fischländer Volk*, Rostock 1947

RÖSSING-WINKLER, ROGER: *Darß/Fischland*, Leipzig 1963

RUDOLPH, WOLFGANG: *Englische Keramik*, in »Jahrbuch für Volkskunde und Kulturgeschichte«, Berlin 1975

SEEMANN, ERICH: *Aufgaben und Lage des Schiffskapitäns in früherer Zeit und in der Gegenwart*, Jena 1914

SEGEBARTH, JOHANN: *De ierste Seemannsreis*, Berlin 1886

SEGEBARTH, JOHANN: *Darß und Zingst*, Prerow 1900

SEGEBARTH, JOHANN: *De Darßer Smuggler*, Leipzig 1911

SENGER, ULLRICH: *Darßer Heimatbuch*, Prerow o.J.

Stadt- und Landbote, Lokalblatt für die Städte Ribnitz, Sülze, Marlow und das Fischland, Ribnitz 1852

Statut der Pensions-Anstalt für Seeschiffer-Familien in Mecklenburg, Ribnitz 1852

SUND, HANS: *Beitrag zur Geschichte der Darß-Zingster Schiffahrt,* in »Monatsblätter der Gesellschaft für pommersche Geschichte und Altertumskunde«, Stettin 1930

SZYMANSKI, HANS: *Die Segelschiffe der deutschen Kleinschiffahrt,* in »Pfingstblätter des Hansischen Geschichtsvereins«, Blatt XX/Lübeck 1929

TIMM, WERNER: *Schiffe und ihre Schicksale,* Rostock 1976

TROJAN, JOHANNES: *Das Wustrower Königsschießen,* Stuttgart 1907

WAGNER, RICHARD: *Mein Leben,* München 1911

WEHRS, AUGUST VON: *Der Darß und der Zingst,* Hannover 1819

WERNER, REINHOLD: *Erinnerungen und Bilder aus dem Seeleben,* Berlin 1881

WICKEDE, JULIUS VON: *Die Aufhebung der englischen Navigationsakte und die deutsche, besonders die mecklenburgische Rhederei,* Hamburg 1850

WITTE, HANS: *Kulturbilder aus Alt-Mecklenburg,* Leipzig 1912

WOSSIDLO, RICHARD und HERMANN TEUCHERT: *Mecklenburgisches Wörterbuch,* Berlin ab 1937

WOSSIDLO, RICHARD: *Reise, Quartier, in Gottesnaam,* Rostock 1940

Weitere Quellen: Museen in Ribnitz-Damgarten, Prerow, Zingst und Rostock sowie das Archiv des Rates der Stadt Barth

Sprachliche Wendungen und gleichlautende in unterschiedlicher Schreibweise auftretende Personennamen sind nach den Originalquellen zitiert.